EL DOLOR
DE BARRIGA

DATE DUE

Demco

EL DOLOR
DE BARRIGA

Cómo tratar los distintos problemas gastrointestinales

➤ El intestino: el «cerebro» del vientre
➤ Ejercicios prácticos y tratamientos naturales
➤ Estreñimiento, gases, espasmos, hinchazón, diarrea y otras afecciones

Dr. Max Tétau y Dr. Daniel Scimeca

 HISPANO
EUROPEA

Índice

Introducción

Los problemas funcionales intestinales sin causa orgánica específicamente determinada representan un notable problema de salud pública: los cólicos son muy comunes y denotan intestinos sensibles. Cada vez se habla más de las alergias alimentarias, pero, más que alergia, al tratarse de mecanismos inmunitarios complejos centrados en el conflicto antígenos y anticuerpos, habría que hablar de sensibilidad específica.

Al entrar en contacto con determinados alimentos, la mucosa intestinal reacciona segregando sustancias inflamatorias y desencadenando diversos problemas.

Todo el mundo sufre de problemas de vientre en mayor o menor medida. Muchas mujeres se quejan de estreñimiento crónico, pero también hay quien padece diarreas repetitivas o alternancias entre diarrea y estreñimiento. Otros muchos sufren molestos gases. Tener gases de vez en cuando es algo banal, pero sufrir un meteorismo abdominal se convierte a la larga en una verdadera enfermedad. «Todos los alimentos ingeridos parecen transformarse en gas», es una afirmación que solemos oír con frecuencia a muchos pacientes.

Los dolores de vientre se presentan bajo numerosas formas: calambres, quemazón intestinal, ruidos y gases muy molestos que debilitan la calidad de vida de quienes los sufren.

Según las estadísticas, el 50% de las consultas de medicina general se relacionan con problemas de vientre. En la consulta del gastroenterólogo la proporción de molestias de vientre asciende hasta el 70%, una cifra nada despreciable.

De entrada hay que eliminar evidentemente cualquier origen orgánico, descartando úlceras, tumores, parasitosis u otro problema que produzca lesiones.

Una prueba muy sencilla es buscar sangre en las heces.

Hace poco se ha lanzado al mercado un reactivo extremadamente sensible a la presencia de sangre humana, el Hémoccult®. Basta con realizar la prueba durante tres días seguidos para determinar el más mínimo rastro de sangre humana. La repetición de la prueba durante esos días es necesaria para que el diagnóstico sea fiable.

Si no hay ni rastro de sangre, es buena señal, ya que eso significa que no hay lesión orgánica. Si una de las pruebas da positiva, no hay que preocuparse, puesto que puede haber pólipos benignos que sangren. No obstante, también puede tratarse de cáncer. Por eso conviene hacerse una exploración intestinal.

Antes se practicaba una prueba mediante lavativas de bario, pero resultaba insuficiente. En la actualidad se realizan colonoscopias que permiten estudiar con más precisión el interior del colon (el intestino gordo), realizar un diagnóstico del tumor, retirar con pinzas pequeños pólipos frecuentes y analizarlos. Esta colonoscopia, según los resultados, se completará con un escáner abdominal y/o un examen por resonancia magnética nuclear (RMN).

En determinados casos, la colonoscopia puede sustituirse por una radiografía especial numerizada en doble contraste, un coloescáner. Las fotos obtenidas resultan espectaculares pero los resultados son menos concluyentes que los de la colonoscopia realizada por un especialista competente. Esta radiografía especial no permite obtener muestras de tejidos. Estos exámenes especiales se completan con análisis más comunes como:

- análisis de heces para buscar parásitos, bacterias, hongos (micosis);
- ecografía abdominal que permite obtener, sin dolor, una imagen de las principales vísceras que contiene la cavidad abdominal: hígado, bazo, páncreas, intestino delgado y colon.

Cuando los niños sufren dolor de «barriga» (que ocurre a menudo) basta con una ecografía para orientar el diagnóstico hacia una apendicitis, visionando el apéndice hinchado en el lado derecho del colon ascendente.

Si se realizan todas estas pruebas y dan negativas, entonces se habla de «síndrome del colon irritable» o de «síndrome de intestino irritable» que corresponde a la antigua apelación de colitis espasmódicas funcionales.

Un intestino, ¿para qué?

Unas cuantas horas después de ser fecundado el óvulo en el vientre de la madre (útero), se ponen en marcha una serie de divisiones celulares para convertirse en embrión y más tarde en feto.

Desarrollo embriológico

De la primera división salen dos células, los blastómeros. Cuando pasan 40 horas se crean cuatro células. Después, hacia el final del tercer día, el desarrollo ya alcanza dieciséis células. El óvulo toma el nombre de mórula para evocar a la pequeña mora a la que se parece.

Esta mórula está compuesta por dos cavidades embrionarias entre las cuales aparece un líquido que después se dispone, en dos hojas, en el disco embrionario. Una de estas hojas es ectodermo o ectoblasta, la otra se llama endodermo o endoblasta y a ellas se adjunta enseguida una tercera hoja, la mesoderma o mesoblasta.

A partir de aquí, el embrión humano se somete a una serie de metamorfosis tan maravillosas como la de la crisálida antes de convertirse en una resplandeciente mariposa. Pasados 18 días se diseña un surco neural. Se suelda en un tubo neural para producir la médula espinal. En ese momento la extremidad anterior se hinchará para que se cree el cerebro.

Cada una de las tres hojas embrionarias tendrá sus responsabilidades de formación en la estructura global del cuerpo humano:
– El ectodermo, la hoja externa, da paso al sistema nervioso, la piel, el pelo y las uñas;
– El mesodermo, la hoja media, engendrará los músculos y el esqueleto óseo, además del corazón, el aparato circulatorio y la sangre, los órganos genitales, el bazo y los riñones;
– El endodermo servirá para crear las tiroides, los pulmones, el hígado, el páncreas y todo el tubo digestivo y, por lo tanto, también los intestinos.

El colon y el intestino delgado tienen, por consiguiente, un origen endodérmico, al igual que los pulmones y las glándulas tiroides. Este origen común implica correlaciones funcionales importantes y vínculos anatomofisiológicos.

El papel fisiológico

El tubo digestivo desempeña un papel fundamental en el mantenimiento de la salud, ya que digiere los alimentos que más tarde asimila el organismo para dotarlo de la energía que necesita.

Los alimentos líquidos se tragan y los alimentos sólidos son triturados por los dientes y después quedan impregnados por la saliva para abandonar la cavidad bucal en forma de papilla homogénea. Esta papilla alimentaria atraviesa el esófago y pasa al estómago donde gracias a la acción del jugo gástrico se licua. De esta manera se transforma y atraviesa el esfínter filórico para llegar al duodeno, la parte inicial del intestino delgado. Allí se somete a la acción de los jugos digestivos segregados directamente por la mucosa intestinal y recibe los jugos excretados por la vesícula biliar (bilis) y por el páncreas (jugo pancreático).

La mayor parte de la absorción de los alimentos digeridos se hace también a nivel del intestino delgado: duodeno, yeyuno, íleon, gracias a las viscosidades intestinales y transportadores transcelulares. Una vez se disgrega la masa alimentaria, en parte digerida, pasa al intestino gordo, primero por el ciego, después por el colon ascendente, transverso, descendiente y sigmoideo.

A la altura del colon se absorben las vitaminas y las sales minerales, sobre todo el calcio. El quimo se ensancha por reabsorción del agua, se colora mediante los pigmentos biliares y toma el olor de la intervención de los derivados de azufre.

El sigmoideo y el recto, las últimas partes, son el lugar de almacenaje de las materias fecales o heces antes de ser expulsadas por defecación. La aventura del bolo alimentario termina así.

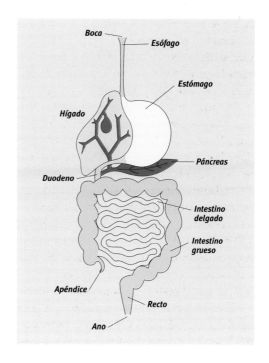

El vientre y la historia

La necesidad de alimentarse para sobrevivir y por lo tanto de digerir bien la comida ha sido siempre objeto de una reflexión colectiva que llevamos todos en un inconsciente arcaico común. El alimento también ha marcado la historia, ya que muchas guerras y luchas sangrientas se produjeron precisamente para conquistar zonas fértiles.

El vientre en la antigüedad

Ya en la antigua Babilonia el culto a Baal y a Ischtar se asociaba a copiosas comidas y banquetes. Se sabe que en torno a los templos consagrados a estos dioses los cretenses les ofrecían a los peregrinos, mediante ofrendas a los dioses, su talento culinario y los encantos de su cuerpo.

El fabuloso gigante mítico asirio Gilgamesh que, como Noé, salvó al mundo del diluvio, hacía un llamamiento a sus contemporáneos para que se alimentasen bien gracias a comidas copiosas y fuertes especias.

Los griegos honraban a Dionisos, ancestro del Baco romano. Hijo de Zeus y de la hija del rey de Tebas (Selena), es el dios de la vida y gobierna a todos los líquidos vitales del mundo: la sabia de las plantas, la sangre, la orina, la leche y también las bebidas fermentadas. Le concedió a la humanidad el regalo de la viña y del vino, organizó el culto a las comilonas acompañadas por música para inducir a un estado de embriaguez y tránsito místico. De esta manera, esperaban conseguir la inmortalidad gracias a unas orgías dionisíacas, un viejo sueño que después retomarían los romanos con las orgías báquicas organizadas por Baco ayudado por bacantes, mujeres liberales.

El dramaturgo griego Aristófanes ilustró esta tradición dionisíaca. En el primer acto de su comedia, la *Lisístrata*, o la *Guerra de las mujeres*, dos personajes defecan tranquilamente mientras charlan de la paz, la guerra y el sexo.

En la Edad Media se mezclaba alegremente vientre y bajo vientre, intestino y sexo. François Villon, gran poeta, creó un culto particular en torno al ombligo de las bellas damas del pasado.

De Gargantúa al siglo XIX

Ahora bien, el mayor de los poetas fue el gran François Rabelais, famoso por la adoración que sentía por su majestad Gaster. Entre Grandgousier y Gargamelle, la gran pareja de la literatura francesa, Gargantúa se abrió paso gracias a su temperamento y su monstruoso barrigón. Barriga y función intestinal eran algo digno de honor y el acto de comer juntos se acompañaba siempre del acto de liberarse juntos. Consideraciones filosóficas aparte, por no decir esotéricas, se empachaban con copiosas comidas, con digestiones pesadas, cargadas de flatulencias, exoneraciones inundantes, diarreas constantes y gases tempestuosos. Se consumían ostras por centenas, se devoraban despojos de animales, por no hablar de muslos de cerdo u otras partes.

No resulta sorprendente que se instale el desorden en la barriga, testimonio del robusto apetito de quienes poseían los medios. Grandes epidemias de cólera se apoderaron de Occidente hasta la última, que se produjo en el siglo XIX. La homeopatía creada por Hahnemann consiguió su gran esplendor, curando más enfermedades que los métodos oficiales.

El rey Luis XIV de Francia curó su fístula rectal comiendo carne de caza antes de recurrir al bisturí del cirujano. El vientre abultado del pobre Luis XVI revelaba una debilidad de carácter que le llevó al cadalso. En Valmy (septiembre de 1792), cuando se produjo la primera gran victoria republicana, los soldados de Dumouriez consiguieron su éxito gracias a los trastornos intestinales de las tropas prusianas del duque de Brunswick; estas se habían hartado a uvas verdes. Luis XVIII estaba obeso. Sus rodillas gotosas no le quitaban el apetito. Pese a que el pueblo llano pasaba mucha hambre, los dirigentes engordaban y engordaban cada vez más. Las cartas de las cenas oficiales han servido de testimonio, ya fuesen los grandes banquetes que ofrecía el rey o los republicanos. Aún así, había grandes hambrunas y hubo que esperar a finales del siglo XIX para que la era industrial abasteciese de alimento al pueblo.

No resulta impactante que su majestad la barriga sea el centro de nuestras preocupaciones. Un ejemplo es la expresión «¿Cómo va?», una educada frase que de hecho indaga sobre el tránsito intestinal de la persona con la que nos encontramos. Hoy en día es una pregunta tan frecuente que hemos olvidado su origen.

El vientre, ¿emoción o sensación?

Asociar el mundo emocional y el vientre se ha convertido en algo muy clásico, pero ¿qué se entiende exactamente por el mundo emocional? ¿Qué ocurre exactamente en el vientre que influye tanto a nivel afectivo?

El cuerpo y el pensamiento son indisociables

Un psicólogo de principios del siglo XX nos ayuda a encontrar la respuesta. Se trata de Willem Reich. Psicólogo y psicoanalista, discípulo y más tarde disidente de Freud (como Jung) se interesó tanto en el cuerpo como en la mente. Para él, el soma (cuerpo) y la psique (pensamiento) no pueden disociarse, ya que son inextricables. Para Reich, en el cuerpo existen hasta siete corazas musculares. Estas corazas se forman enseguida y

El orgasmo sale al auxilio de las corazas

Si la coraza es a la vez física, emocional y afectiva, Reich describe un medio radical para ayudar al paciente a liberarse de esta coraza (que en realidad no es más que una protección): el orgasmo. Esta liberación de la tensión creada por la estimulación sexual representa para él la verdadera clave que permite liberar a la vez el cuerpo, el afecto, la sensación y la emoción.

Si bien los adeptos de Reich han hecho de esta teoría un instrumento sorprendente de terapia, la idea que hay que extraer es que una vida sexual activa y hasta una edad avanzada es garantía de la buena salud del «cerebro emocional» del vientre.

son el resultado de la cristalización de frustraciones, de estrés y de emociones reprimidas. No reprimimos lo que resulta insoportable en el inconsciente (tal y como sostiene la escuela freudiana) sino lo que es así para el cuerpo. Dicho de otra forma, para Reich, el inconsciente es el cuerpo, en concreto los músculos. Esta visión, revolucionaria para la época, será compartida por Jean-Paul Sartre, quien rechazaba la idea del inconsciente de Freud.

Las corazas

Estas corazas son: la coraza ocular, de la frente, del cuello, del tórax, del diafragma, del abdomen y de la pelvis. Todos poseemos muchas corazas, pero las más preocupantes son las corazas torácicas, diafragmáticas y abdominales.

- El tórax es la sede de las emociones y es más característico de la psicología masculina: reprimo mis emociones y las encierro en un lugar (el tórax). Tengo angustias en el pecho, respiro mal, pese a que echo los hombros hacia atrás para que me dé un aspecto más macho. Hay que recordar que «los hombres no lloran».
- El abdomen es la sede de las sensaciones y es más característico de la psicología femenina. Reprimo mis sensaciones encerrándolas en el abdomen. Tengo colitis, espasmos y a veces estreñimiento. «No está bien que las chicas repriman sus emociones».

Esta distinción (muy esquemática, ya que en realidad hay muchos más matices) explica que las emociones y las sensaciones se alojan en lugares diferentes y que la parte yin permanece en el vientre mientras que la parte yang se refugia en el tórax, un lugar de rencuentro de dos fuerzas complementarias: el diafragma. Se trata de un lugar de unión de nuestras emociones, nuestros llantos, nuestra tristeza y nuestras sensaciones, placeres, temores, nuestra parte yang y nuestra parte yin. Por eso es la coraza que se bloquea con mayor frecuencia y la llave regular para liberar esas fuerzas interiores.

Malas ideas en lugares y momentos equivocados

Willem Reich acabaría sus últimos días en prisión. Había elegido huir de Europa y el nazismo para refugiarse en el país de la libertad, pero EE UU no entendía bien sus ideas comunistas, su punto de vista sobre el orgasmo como remedio universal ni sus ideas un tanto esotéricas sobre los orgones (granos de energía en las células del cuerpo).

El vientre, un segundo «cerebro»

Desde hace mucho tiempo se estima que numerosos dolores abdominales tienen un origen nervioso y funcionan según el ritmo marcado por el estrés.

El vientre, sede de nuestras emociones

Las preocupaciones, la tristeza, la marcha de seres queridos, las emociones fuertes, los ansiogénicos, las condiciones desagradables de trabajo y las penas conyugales pueden engendrar dolores de vientre a veces muy fuertes o incluso insoportables crisis de colitis.

Eso les ocurre a veces a los niños que, antes de salir camino a la escuela, se quejan de dolor de estómago o a los estudiantes que tienen violentas diarreas antes de un examen. Después de eliminar cualquier causa orgánica, no queda más que concluir que el estrés es la causa.

Eso no significa que dichos dolores sean imaginarios. Se producen de verdad, pero la hipersensibilidad de la mucosa intestinal no es más que el aspecto visible de un problema psicosomático más profundo de naturaleza córtico-cerebral, es decir, no es más que la punta del iceberg.

Sigue habiendo gente que piensa que el síndrome cólico se debe solo a problemas de motricidad intestinal y a una perturbación de la peristáltica y que está dirigida por el sistema nervioso simpático.

Es cierto que hay una túnica muscular que sostiene toda la mucosa intestinal. A este nivel nacen las contracturas y los espasmos, que provocan diarreas o al contrario estreñimiento, pero siempre dolores de hinchazón, quemazón, retortijones. La administración de antiespasmódicos o laxantes solo logra mejorar transitoriamente este estado, pero hay que mirar más allá.

El plexus cólico

Recientes trabajos han mostrado que el intestino e incluso todo el tubo digestivo puede considerarse como un segundo cerebro. En efecto, más de 100 millones de neuronas tapizan desde la faringe hasta el ano, formando el tracto digestivo. Neuronas motores, neuronas sensibles, vías nerviosas que se conectan con el cerebro, vías eferentes que se entrecruzan y crean una gran red denominada plexus cólico.

Este complejo entramado secreta multitud de neuromediadores de los cuales ya se conocen y se han aislado más de veinte. Entre otras funciones se encargan de producir, al igual que el tejido cerebral, la famosa serotonina, neuromediador indispensable para el buen funcionamiento del sistema nervioso. Esta neurohormona es la que manda en el tono, la serenidad e incluso la juventud cognitiva. Una segregación insuficiente de serotonina puede desembocar en tristeza, melancolía y depresión. Los grandes depresivos siempre tienen un funcionamiento defectuoso del intestino.

En contrapartida, un funcionamiento regular del vientre está en la base de cualquier actuación intelectual. El intestino y el cerebro luchan del mismo bando en el combate.

Visto así, el vientre es un importante centro de energía vital. Por eso no resulta sorprendente que la tradición india ponga al nivel del vientre uno de los chakras más importantes, justo por debajo del ombligo.

Este chakra abdominal corresponde al elemento energético del fuego, definido por la medicina tradicional, la medicina ayurvédica. Corresponde con más precisión al plexus solar, centro nervioso anatomofisiológico que forma dos ganglios semilunares, punto de paso y de reagrupamiento de las fibras del sistema nervioso simpático. Es este el que, en caso de estrés brutal, se contracta en la boca del estómago, liberando adrenalina y provocando fuertes dolores.

Para mantenerse bien incluso en las situaciones más difíciles hay que velar por la regularidad del intestino.

Conviene beber todas las mañanas, en ayuno, un gran vaso de agua tibia. Se trata de una receta de ayurveda. Así se liberan el vientre y el colon y se afrontan con serenidad las dificultades de la existencia.

El vientre en Oriente

Quien haya practicado ya alguna disciplina oriental como el yoga, el zen, el taichí chuan o el qi gong ya conocerá a la perfección la importancia central del vientre y la respiración abdominal en el equilibrio del cuerpo y, por lo tanto, del espíritu.

El «hara»

Esta manera de ver el vientre y la respiración es en este momento tan pertinente como otras disciplinas. Es vital para el aprendizaje del canto, para saber coger un instrumento de música y trabajar correctamente en determinadas posiciones difíciles gracias a la respiración abdominal, que aporta mucho mayor equilibrio que una respiración superficial.

Los japoneses lo llaman hara. Este término se encuentra en el famoso hara-kiri, que consiste en abrir el vientre para suicidarse de manera honorable liberando el alma contenida en su interior. Para los japoneses como para los chinos y los hindús, la región crucial es la misma, situada tres dedos por debajo del ombligo, a medio camino entre el ombligo y el inicio del vello púbico.

El hara es el centro de gravedad del cuerpo, en el sentido físico del término, ya que es este lugar el que le sirve de equilibrio a un experto en judo, para vencer a su adversario. Esto le permite no utilizar la fuerza, sencillamente poniendo el esfuerzo en esta región para a la vez desequilibrar al adversario.

Oriente frente a Occidente

Se dice que una persona que tenga toda la fuerza en el vientre es una persona bien anclada. Esto se puede verificar en el metro en hora punta, cuando no es posible sujetarse. La gente bien anclada y con una postura correcta se desequilibrará menos que alguien que tenga un hara movido y mal anclado, ya que estará en constante estrés.

En Oriente siempre han resaltado el vientre en contraposición a Occidente, que se ha centrado en la parte superior del cuerpo. Por ello las virtudes occidentales continuamente se han decantado por el intelecto (la cabeza): la fuerza y el coraje (frente, cuello) y el amor y la pasión (el tórax). En cambio las virtudes orientales son las de la intuición, la sabiduría y la medida (el vientre), el equilibrio (las piernas) y también el erotismo y la sexualidad harmoniosa.

Un trabajo útil sobre uno mismo no consiste en cambiar de campo y que un oriental se convierta en europeo, sino en que conquiste la parte que le falta para ser una persona más completa.

El masaje del vientre en la medicina china

El «tui na» o masaje energético chino le otorga una gran importancia al vientre. El tui na es uno de los pilares de la medicina tradicional china. Un buen masaje permite armonizar las energías y las emociones en todo el abdomen. Así la cólera está vinculada a las tensiones sobre el hígado, el pensamiento y la obsesión a las tensiones del bazo, y el miedo a las tensiones del riñón.

¡Un hara duro y un sol tranquilo!

Una prueba que se puede realizar para saber si estamos bien anclados y si nuestro vientre posee una energía equilibrada es palpar y comparar la región del hara con la del plexus solar. Podemos practicarlo en nosotros mismos pero es mucho más fácil hacer la prueba con otra persona. En posición extendida, la zona del hara (tres dedos por debajo del ombligo) debe estar tensada, sin estar dura, y debe dar una sensación de plenitud. Al contrario, la región del plexus solar (en la boca del estómago) debe estar distendida sin estar blanda y dar una sensación de relajación. Si ocurre al contrario (muchas veces debido al estrés de la ciudad), los cambios del modo de vida y varios ejercicios respiratorios cotidianos pueden ser muy útiles.

El vientre en el mundo judeocristiano

El vientre siempre ha tenido una importancia destacable en la tradición cristiana. Sin duda simboliza la fecundidad y la buena digestión, garantía de salud.

Los días de ayuno en cuaresma, cuando se recomendaba ayunar los viernes, no se debían solo a la piedad religiosa, sino también a una excelente receta de higiene.

El laberinto

El laberinto es una figura simbólica que se encuentra en distintas tradiciones cretenses y celtas y que aparece dibujada sobre el suelo de muchas catedrales, siendo especialmente célebre a este respecto la catedral de Chartres. Se trata de un dibujo que esotéricamente capta el misterio del destino de la humanidad, pero también la trayectoria complicada del tracto intestinal donde se elabora la energía indispensable en la vida encarnada.

El laberinto pertenece asimismo a la tradición alquímica cristiana en la que simboliza la complejidad del cuerno de destilación, herramienta indispensable para la gran obra y para la obtención de la materia prima. Esta materia prima es el punto de partida para la fabricación del oro potable y la sublimación del espíritu.

Este árbol se simboliza así:

1. kether (la corona, la voluntad inicial);
2. kocma (la sabiduría, la semilla de todo);
3. bina (la inteligencia, la matriz superior);
4. hesedia (la gracia, el amor, la bondad);
5. gebura (la fuerza, el rigor);
6. tiphereth (la misericordia, el esplendor, la belleza);
7. netza (la perseverancia, la victoria);
8. hod (la grandeza, la majestuosidad);
9. yesod (el fundamento de todas las energías procreadoras);
10. malchut (el reino, la morada de Dios en la creación).

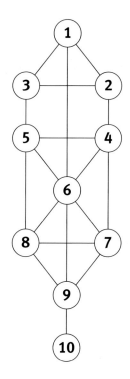

El árbol sefirótico

Pero, es a partir del desciframiento de datos de la kábala judeocristiana cuando aparece el lugar estratégico del vientre en el árbol de los céfiros. El árbol sefirótico está en el corazón de la kábala. Los céfiros representan los diez números esenciales que, junto con las 28 letras del alfabeto hebraico, simbolizan el plan de todo lo creado, tanto por lo alto como por lo bajo. Son los diez nombres de Dios.

El árbol reposa sobre tres columnas: la columna de la derecha, de la Gracia; la columna de la izquierda, de la Fuerza; la columna del centro, del Equilibrio Axial. Conviene aclarar que la columna central simboliza el eje principal por donde el «rocío divino» pasa al vientre matriz inferior.

En la creación terrestre, solo los siete céfiros inferiores se manifiestan, centrados sobre el ombligo. La triade superior está fuera del tiempo y es inconcebible, irrepresentable. La importancia de la representación de estas diez energías reside en que parten del cielo para alcanzar el vientre y después remontan hacia lo más alto. Esta escalera de Jacob ha inspirado en muchas ocasiones la estatuaria de las iglesias góticas.

El cristo se representa con un vientre voluminoso, redondeado y, tomando como centro el ombligo, se diseñan en forma de laberinto las volutas vibradoras de su intimidad celular.

EMOCIONES Y VIENTRE, ESTRECHAMENTE VINCULADOS

La cabeza y las piernas

Este título hace referencia a un programa que se emitía al principio del inicio de la televisión y que se hizo bastante famoso aunque muchos no lo hayamos conocido. Consistía en un duelo entre dos equipos donde un concursante era el encargado de las pruebas físicas (piernas) y el otro de las preguntas intelectuales (cabeza). Fue muy célebre seguramente debido a que es un arquetipo del pensamiento europeo de posguerra con el mito del progreso y del triunfo del pensamiento.

Los inicios del siglo XX se vieron muy influenciados por otros modos de pensamiento como el sistémico, donde el cuerpo y el espíritu, la razón y el instinto ya no se ven como algo separado, sino como algo interconectado e interdependiente. El ser humano desarrollado al máximo de sus posibilidades es aquel que a la vez tiene «cabeza» y «piernas» y al mismo tiempo «cabeza + piernas».

Hoy en día la práctica regular de una actividad física se considera tan importante como la realización de una actividad cultural e intelectual. Aún más, el ejercicio físico oxigena el cerebro y purifica el metabolismo, lo que permite un funcionamiento óptimo de las capacidades intelectuales. De la misma manera, todo ejercicio físico, si se desea que sea beneficioso, no debe practicarse de cualquier manera. Requiere cierta reflexión sobre la frecuencia cardíaca, que no debe superarse, y un tipo de esfuerzo, que hay que realizar en función de los objetivos (resistencia, aguante, adelgazamiento). Es decir, hay que ser también intelectual para ser deportista y hay que ser deportista para poder desarrollarse intelectualmente.

Esta interdependencia del físico y de lo mental se encuentra en los problemas que sufrimos en la vida urbana, una vida llena de estrés. Rigidez de cuello, problemas cervicales y migrañas son muy comunes entre las personas que trabajan delante de un ordenador y al lado de un teléfono. Los músculos del cuerpo se contraen, sobre todo en la parte superior del cuerpo, como si no existiese la parte baja del mismo. En momentos máximos de estrés aparecen crisis de tetania que provocan la sensación de no tocar con los pies en el suelo o tener las piernas sobre algodones.

Este desequilibrio completo de los músculos y del esquema corporal halla su origen en el vientre y el diafragma. La respiración abdominal, la meditación en posición sentada o la gimnasia suave basada en la energía del vientre son la clave para volver a la armonía.

El gran tabú sexual

La razón por la que el vientre ha estado tan diabolizado a lo largo de los siglos es porque alberga una función biológica esencial: la sexualidad. Darle al vientre el verdadero lugar que se merece es renovar junto con el sexo su dimensión más corporal. Lejos del amor platónico o del amor cortés, el amor físico suele tener mala prensa, salvo en Asia donde, desde la India hasta la China, el sexo ha sabido guardar su honorable estatus de vínculo con la persona.

Mental, sensación, emoción

La tradición alquimista dividía el cuerpo humano en tres partes: la cabeza vinculada con el cielo, el vientre vinculado con la tierra y el tórax más específicamente humano. La cabeza estaba relacionada con lo mental y espiritual, el vientre con el cuerpo y las sensaciones y el tórax con las emociones. A los seres humanos no nos faltan ni actividad mental ni emociones fuertes sino ese vínculo con la tierra que nos devolvería el equilibrio perdido. El vientre es aquí la clave.

Estrés y vientre

Es muy difícil escaparse al estrés en el mundo moderno

Debemos hacer malabarismos constantemente para poder enfrentar nuestros problemas profesionales y familiares, los problemas financieros, una actualidad llena de catástrofes, los dolores articulatorios y las angustias por la salud. Incluso los niños están estresados hoy en día. Malas notas, peleas con los padres, agotamiento, fatiga escolar... no hay quien se salve.

El estrés, tal y como lo definió Selye, sería la adaptación del organismo a diferentes choques de la existencia y, por lo tanto, puede resultar útil, ya que nos permite adaptarnos a la realidad, a veces cruda, a veces diferente de lo que habíamos soñado. Ahora bien, si el estrés es recurrente puede acabar provocando muchos problemas. El gran choque se acaba superando pero si el estrés y las angustias son cotidianas la existencia puede hacérsenos muy cuesta arriba.

Estrés y molestias gastrointestinales

Palpitaciones, espasmos musculares diversos, dolores cólicos, hinchazón, gases, etcétera, hacen que el vientre esté en primera plana. Es típico que a una persona estresada le duela la barriga.

Es cierto que el estrés baja el umbral de sensibilidad abdominal. El intestino llega a ser entonces más receptivo a distintos influjos a menudo dolorosos engendrados por la digestión. Hay experiencias recientes llevadas a cabo que así lo atestiguan. Se introducen balones inflables en el orificio intestinal para registrar la tensión y la tonicidad intestinal. Con cada estimulación desagradable, se desencadena un aumento espectacular de la tensión abdominal y una gran producción de gases.

El mecanismo

Para aplicar una sensibilidad visceral que se llama propiorreceptividad, que es en parte inconsciente y en parte consciente, el cerebro recibe una alerta y secreta neuromediadores. Los escáneres más avanzados logran individualizar la zona cerebral tocada. Se trata de la zona límbica, lugar donde se sitúan todos los miedos y angustias arcaicas, el famoso «cerebro reptil», identificado por Laborit.

El hipotálamo recibe también la alerta y secreta una hormona llamada factor de liberación de corticotrofina (CRF) que estimula las surrenales y produce una importante descarga de adrenalina y cortisona que agrava el estrés al agotarnos.

Este ciclo cololimbosurrenal va agotando poco a poco la energía vital. Para combatir estas situaciones son útiles los métodos de relajación, la gimnasia Ehrenfried y la sofrología.

Sin embargo, conviene evitar los tranquilizantes y antidepresivos, salvo que el médico lo considere indispensable, ya que lo único que hacen es alargar este estado. Sería recomendable hacer una cura de magnesio.

Magnesio contra el estrés

El estrés persigue el magnesio. En efecto, inhibe la absorción alimentaria a nivel de la mucosa intestinal y por eso, se debe compensar esta carencia. Sin embargo, hay que prestar atención ya que, en dosis muy importantes, el magnesio no se soporta bien. En determinadas personas provoca dolores abdominales, cólicos y diarreas.

Siendo así las cosas, lo mejor es tomarlo bajo forma de oligoelemento, de 2 a 4 comprimidos por día durante las comidas. También se puede enriquecer el régimen con alimentos de alto contenido en magnesio.

Aportes nutricionales que se aconsejan:
- en el hombre, 400 mg por día;
- en la mujer, 320 mg por día;
- en el adolescente, 400 mg por día.

Aportan magnesio: el chocolate negro, las nueces, las avellanas, las almendras, las hortalizas de hojas verde fuerte, las ricas en clorofila (lechuga, espinacas, brócoli), el pescado, la levadura de cerveza y el germen de trigo, algunas aguas minerales y las pasas.

Las legumbres y los cereales integrales contienen también importantes cantidades, pero a veces no sientan bien en un intestino delicado.

Fatiga crónica y vientre

La fatiga es una dolencia muy extendida. Todos nos sentimos, en mayor o menor medida, cansados. A veces es porque hemos estirado demasiado de la cuerda y nos basta con unos días de descanso vacacional para reponernos.

No obstante, hay que saber que la fatiga es también el primer síntoma de una enfermedad más grave. De ahí la necesidad de consultar con un médico en caso de fatiga persistente. Desgraciadamente la medicina clásica da pocas respuestas al agotamiento permanente.

Muchas fatigas crónicas dependen del intestino y son el resultado de una autointoxicación profunda relacionada con un funcionamiento deficiente. El intestino delgado y el grueso tienen un papel muy importante en la eliminación de los residuos. Junto con el hígado y la vesícula biliar, el riñón y la vejiga pertenecen al grupo de los órganos de evacuación del organismo. Estos órganos tienen la tarea de purificar el cuerpo de los residuos más o menos tóxicos que provienen de los alimentos ingeridos y no digeridos.

Un vientre irregular hace mal su trabajo. Un estreñimiento más o menos crónico es el primer responsable. Un tránsito con heces regulares es la clave de la salud, un tránsito que debe ser diario o como máximo cada dos días si el colon es especialmente largo (dolicocolon, megacolon).

Se puede reconocer que la fatiga tiene origen intestinal cuando aparecen estos signos:
- intestino perezoso con hinchazón y gases;
- fatiga sobre todo por la mañana, al levantarse;
- tez amarillenta, biliosa;

- tristeza, ideas deprimentes;
- pusilanimidad excesiva.

Los oligoelementos para combatir la fatiga intestinal

Se trata de lo que Hipócrates llamó el temperamento bilioso en el que el intestino es uno de los puntos débiles. Para combatir esta fatiga se aconseja:

- una cura de oligoelementos a base de comprimidos de oligoelementos junto con reposo.

• Mañana	1 día	cobre manganeso
	al día siguiente	cobalto manganeso
• Tarde	1 día	aluminio
	al día siguiente	azufre

Este tratamiento, muy depurativo, purificará y limpiará tu organismo.

Por la noche, antes de irte a dormir, es conveniente tomar un baño frío según el método de Kuhn, discípulo del abad Kneip. Se debe sumergir la parte trasera en una palangana o en una bañera con agua fría.

Hay que permanecer 10 minutos y después secarse bien mientras se fricciona con un guante de crin.

Este baño será incluso más desintoxicante si se añaden 10 gotas de aceite esencial de ylang-ylang a una cucharada de gel de baño. La aromaterapia es tónica y potencia la acción de la hidroterapia.

No hay que dejar de lado las curas termales. Una cura de Châtelguyon será muy idónea. Sus aguas tibias y radioactivas, sus duchas y masajes lograrán mejorar notablemente el tránsito.

Insomnio y vientre

Digerir bien es garantía de sueños plácidos. Levantarse a las cuatro de la mañana con insomnio es señal de un intestino perturbado que libera una cantidad alarmante de toxinas para el cerebro. Por ello, para dormir bien hay que controlar la regularidad del intestino.

El estreñimiento engendra un meteorito de gases e insomnio. A veces los sueños nos informan de la situación que vivimos. Por ejemplo, una persona con cólicos a veces sueña con balones, con globos aerostáticos o con serpientes en el vientre.

Una cena ligera y equilibrada

La cena debe ser ligera y equilibrada, de forma que drene y purifique la mucosa intestinal.

No se aconseja tomar potajes, ya que tienen tendencia a diluir los jugos digestivos y generar en el abdomen gases e hinchazón. De esta manera el sueño se ve perturbado.

No es el mejor momento para tomar la sopa de las abuelas, tan espesa, densa y con numerosas legumbres.

Por la noche hay que tomar hortalizas y fruta, preferiblemente hechas al vapor, ya que la cocción tiene por efecto hacer que la celulosa vegetal sea más digestiva para una mucosa intestinal frágil e irritable. Hay alimentos que aportan azúcares lentos y por eso productos como las patatas y la pasta deben tomarse en cantidades muy moderadas por la noche. Los yogures y demás productos lácteos aportan vitaminas, calcio y probióticos indispensables para un sueño apacible.

Los oligoelementos favorecen la relajación de las fibras lisas que estructuran la pared intestinal. Por eso hay que comer zanahorias, puerros, manzanas, peras y cerezas que contienen grandes cantidades.

Un menú de cena sano e higiénico estará compuesto por:

- un espeso puré de patatas, zanahoria y puerro poco salado y sin pimienta. La pimienta es un excitante que puede impedir el sueño.
- un yogur, un poco de queso Gruyère o cualquier otro queso en una cantidad de 50 a 100 g;
- por último una compota de manzana y pera peladas, junto con unas ciruelas, que constituirá un magnífico postre.

Hay que evitar beber mucho durante la cena. Tres vasos de agua y no más de un vaso de vino (mejor tinto que es rico en taninos) serán más que suficientes.

Las plantas amigas del intestino

Si se tiene un intestino frágil, un sueño ligero que hace que se despierte como mucho a las cuatro horas, una planta y un color pueden ser de ayuda:

- **El lúpulo** (*Humulus lupulus*), con conos floridos tiene la doble calidad de favorecer la digestión intestinal y de tranquilizar el centro nervioso del sueño. Sus inflorescencias contienen en efecto un aceite esencial rico en amina que provoca un doble efecto, intestinal y corticocerebral. Hay que tomar dos cápsulas al irse a dormir y otra si se despierta por la noche.
- **El color:** el violeta ejerce una acción que induce el sueño en el cerebro y actúa también sobre las neuronas tranquilizando la pared del colon, el «segundo cerebro». Para un sueño profundo, se puede dormir en sábanas violetas. Si no tiene de este color, se puede poner un pañuelo violeta alrededor del cuello o un par de zapatillas violetas. Esta aplicación de una cromoterapia, terapéutica gracias a los colores, da resultados sorprendentes. Gracias a los colores se pueden tener dulces sueños.

Una multitud de organismos afines, la flora intestinal

El intestino, órgano vacío, está poblado por multitud de organismos vivos que tienen una presencia indispensable. En esencia son las bacterias las que constituyen la flora intestinal.

También hay en menor número levaduras y hongos (por ejemplo, el minúsculo tricocéfalo) en forma de limón cuando se ven en el microscopio. Esta flora intestinal comprende más de 10.000 millardos de gérmenes, tan numerosos como todas las células del cuerpo humano. Cada uno de nosotros lideramos una población que sobrepasa la del planeta.

Bacterias aliadas

Todas las bacterias están implantadas y proliferan a partir de la zona terminal del intestino delgado y llenan todo el intestino grueso, el colon. Así representan cerca de 2 kg de peso del cuerpo y comprenden más de 400 variedades diferentes de especies microbianas. Hay que recordar que el 80% del volumen total de materias fecales está compuesto por cadáveres microbianos, una cifra nada desdeñable.

La flora intestinal está compuesta desde el nacimiento. Las bacterias aliadas invaden enseguida el intestino, ya que es esencial para la alimentación. Gracias a ellas se produce incluso el desarrollo del colon y la maduración del sistema inmunitario.

En esta flora intestinal saprófita se distingue:

- una flora dominante, la más numerosa. Se implanta desde los primeros días y está compuesta por bacterias bífidus y lactobacilos;
- una flora subdominante, menos numerosa, en la que vemos aparecer, al lado de los bífidus y lactobacilos, a los colibacilos y otros gérmenes coniformes, así como estreptococos, levaduras del tipo sacaromices, útiles siempre y cuando no sobrepasen un determinado umbral;
- por último una flora variada y oportunista donde la potencialidad de los patógenos sea preocupante por su rápida multiplicación. Se trata de los estafilococos, enterococos, las levaduras como la cándida. Uno de los papeles de las floras dominantes y subdominantes es velar por este equilibrio necesario para la salud. Cada uno de nosotros, desde el nacimiento, posee una flora propia, que marca una huella personal. No hay dos intestinos idénticos. De ahí la necesidad de un tratamiento individualizado.

El equilibrio intestinal es frágil

Hay múltiples causas que explican que la calidad de la flora disminuya a medida que se va envejeciendo. En un principio el envejecimiento y la modificación con la edad del medio intestinal: deshidratación, bajón inmunitario y errores alimenticios.

Las quimioterapias para combatir el cáncer también alteran la flora pero sobre todo los antibióticos repetidos y a veces abusivos son peligrosos a este respecto.

Una cura de antibióticos para erradicar tales gérmenes peligrosos en el plan pulmonar acabará destruyendo la mayoría de la flora intestinal y se necesitarán casi tres años para reconstituirla.

Por último, los problemas de tránsito, diarrea y estreñimiento también son igualmente peligrosos, así como el estrés, errores de higiene cotidiana, alcohol y tabaco, que se convierten en veneno. Los alimentos ahumados (salmón, jamón, huevas de pescado) aportan además sus moléculas oncogénicas.

Los microbios del Dr. Bach

Dos eminentes homeópatas ingleses decidieron estudiar con gran precisión las bacterias que habitan el intestino grueso.

Los nosodes de Bach y Paterson

Uno de los doctores, Bach, era bacteriólogo y más tarde crearía la teoría de las flores de Bach. El otro doctor, Paterson, era un homeópata que practicaba habitualmente la homeopatía. Los dos, hacia 1932, identificaron un gran número de gérmenes gracias a unos cultivos sucesivos de muestras de materias fecales. Después determinaron las propiedades terapéuticas de las raíces aislándolas y más tarde diluyéndolas y dinamizándolas gracias a la homeopatía. Crearon una gama de medicamentos conocidos bajo el nombre de «nosodes de Bach y Paterson», especialmente prescritos en los países anglosajones y estadounidenses.

Los principales nosodes son:

- **El bacilo de Morgan**, que es un proteus, y por lo tanto muy cercano al colibacilo. Trata los brotes de eczema agudos;
- **El bacilo de disentería**, descendiente de un Shigella, germen de la disentería infecciosa. Está indicado en diarreas repetidas, infecciosas como las diarreas de rotavirus de los niños lactantes;

- **El bacilo Gartner**, que es una bacteria indicada por lo tanto para problemas infecciosos intestinales;
- **Sicoco**: estreptococo fecal, cistitis repetidas, crisis de migraña;
- **Bacilo Proteus**: *Proteus mirabilis* y bacilo coli. Son los escherichia coli tan extendidos indicados en las cistitis, infecciones renales e intestinales.

En efecto, todos los nosodes de Bach y Paterson en altas disoluciones los prescriben los médicos homeópatas para tratar en profundidad un terreno concreto, la psora.

Se dice que la homeopatía, ante todo, es una medicina de terreno: tras toda afección aguda y repetida hay un terreno concreto que conviene tratar para curar definitivamente al enfermo.

La psora es también una de las variedades del terreno particular identificado por los homeópatas. Se caracteriza por una evolución crónica marcada de fatiga general, de brotes purulentos de eczema, problemas respiratorios asmáticos, una interminable sucesión de migrañas, vértigos, estreñimiento, hemorroides y otras dolencias.

El terreno de la alergia ofrece un buen ejemplo de evolución psórica codificada genéticamente, ya que la psora implica un problema de regulación intestinal. La desintoxicación de los desechos no funciona bien y una intoxicación progresiva debilita las defensas.

Las bioterapias

En Europa, más que nosodes de Bach y Paterson que no están introducidos en farmacia, el médico prescribirá bioterapias, que es la forma moderna de los antiguos nosodes. Sin embargo, están también indicados en el tratamiento de esta psora y de todas las dolencias que se desencadenan: diarreas, estreñimiento, eczema, cistitis y un intestino con mal funcionamiento:

- Colibacillinum 9 CH: disolución de colibacilo, germen frecuente en el intestino responsable de la cistitis;
- Eberthinum 9 CH: bacilo tífico;
- Para B 9 CH: bacilo paratifoide B, excelente medicamento para todos los problemas colíticos;
- Enterococcinum 9 CH: enterococos igualmente presentes en el intestino y a veces en la vejiga.

Todos los gérmenes aislados del intestino y diluidos homeopáticamente.

El centro del problema: la vellosidad

El intestino delgado, con una longitud de dos metros, es un elemento clave para una buena digestión. La vellosidad juega un papel esencial para terminar la digestión de los alimentos y reabsorber los productos metabolizados así como el agua y los iones minerales indispensables para el equilibrio hidroeléctrico.

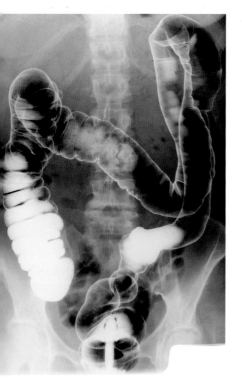

En el corazón del intestino

La superficie interna de la mucosa intestinal es muy compleja, ya que está marcada por millones de vellosidades y pliegues valvulares que representan en total una superficie de casi 100 m².

Un tercio de la superficie está constituida por válvulas conniventes de más de 1 cm de altura al nivel de la mucosa y de la submucosa: válvulas de Kerckring. Los dos otros tercios están formados por múltiples pequeños pliegues, las famosas vellosidades intestinales de 1 mm de altura y 0,1 mm de espesor, elemento esencial del metabolismo intestinal.

A nivel digestivo todo ocurre en este nivel. Estas vellosidades están en efecto tapizadas por células de reabsorción capaces de retener en el intestino los alimentos digeridos.

Además, en la base de estas minúsculas vellosidades se encuentran pequeños huecos, las criptas de Lieber Kuhn, que tienen un papel tremendamente complejo.

Hay cuatro tipos de células:

- las células que secretan una mucosa protectora para la pared intestinal que hace frente a los jugos digestivos ácidos;
- las células que son capaces de dividirse rápidamente para generar nuevas vellosidades;
- las células endocrinas de los receptores situadas en el intestino que, estimuladas por la masa alimentaria, vierten en la sangre numerosas hormonas peptídicas: secretina, motilina, digestina, etc.;
- las células de Paneth que liberan en el intestino enzimas digestivas y sobre todo inmunoglobulinas activas en las defensas inmunitarias y activan las placas de Séller, órganos linfoides intestinales.

El borde de todas estas vellosidades está en perpetua renovación

Las nuevas células de los bordes están en constante elaboración: el conjunto de la pared del intestino delgado se renueva en su totalidad en dos días.

Las válvulas intestinales tapizadas por vellosidades alojan un complejo sistema vascular, linfático, nervioso simpático y parasimpático que proviene del mesenterio y que también juegan un papel muy importante.

Los vasos sanguíneos y linfáticos aseguran la distribución de los metabolitos ingeridos en el sistema arterial y la linfa así como la repartición en el organismo. Las fibras nerviosas son responsables de los movimientos peristálticos que empujan la masa alimentaria hacia el intestino grueso y el ano.

Las vellosidades y las válvulas son por lo tanto elementos importantes en toda la digestión abdominal y, por consiguiente, garantía de salud.

Desintoxicar el intestino

Muchos investigadores, conscientes de la importancia de un funcionamiento regular del intestino, se han interesado por el problema.

Una doctora suiza muy conocida, la doctora Catherine Kousmine, ha establecido relaciones entre el cáncer de mama y el intestino ampliando su análisis a otras enfermedades graves como la esclerosis, otros tipos de cáncer y la poliartritis. Hay alimentos que alteran la mucosa intestinal y ralentizan el tránsito. Así permiten el paso de toxinas y de bacterias peligrosas que pueden atacar a órganos vitales del cuerpo. Por eso, hay que eliminarlos de la alimentación. Verdadera precursora, la doctora Kousmine recomienda evitar los ácidos grasos saturados que hay que sustituir por ácidos insaturados como el aceite de linaza. Pero, ante todo hay que drenar y estimular el intestino que se vuelve perezoso y puede ser una verdadera fábrica de veneno y materias tóxicas.

El agua fresca es el mejor aliado del vientre. Cada mañana se debe beber en ayuno un gran vaso de agua. Si se está en el campo se pueden caminar de cinco a diez minutos descalzo y disfrutar del rocío matutino para estimular los puntos reflejos de la planta del pie y desintoxicarse. Por la noche también es recomendable darse baños de agua en el antebrazo durante 10 minutos con agua fresca. La noche será plácida y también tendrá buen despertar matutino.

Joseph Delbet recomendaba la cura de magnesio para estimular las defensas inmunitarias, sobre todo las placas de Séller, cólicos compuestos por elementos linfoides. En determinadas épocas del año (primavera, otoño) se aconseja tomar una solución de cloruro de magnesio (20 g por 1 litro de agua) a razón de 50 cl por día, 21 días seguidos en ayunas. Si existe una especial sensibilidad se puede sustituir por tres comprimidos de oligoelementos de magnesio por la mañana y por la noche.

- El Dr. Seignalet, de Montpellier, ha realizado numerosos trabajos sobre nutrición. Él también le confiere mucha importancia a la regularidad del vientre y a su desintoxicación para combatir pesadas patologías. Su régimen crudo comporta interesantes aplicaciones, ya que aporta alimentos en sus máximas cualidades, sin alteración culinaria.

- El Dr. Kellogg, médico estadounidense, entendió enseguida la importancia de las fibras alimentarias y creó fórmulas de cereales a partir de salvado de trigo que, mediante un tostado muy cuidado, hace que las fibras insolubles se conviertan en digeribles y sean bien toleradas por la mucosa intestinal. Estas fibras tienen la propiedad de absorber un alto porcentaje de agua. Son hidrófilas y aumentan el volumen de la masa alimentaria combatiendo así el estreñimiento y acelerando el tránsito y determinadas afecciones relacionadas como las hemorroides y la fatiga general.

Entre 4 y 5 cucharadas soperas de estos cereales aportan de 40 a 50 gramos de fibras. Acompañadas de agua, de leche o de yogur constituyen un desayuno muy saludable.

El Dr. Kellogg también creó en Estados Unidos una de las clínicas consagradas en cuidado del vientre. Inventó un sofá eléctrico con fuertes sacudidas que ayuda a la reeducación del intestino. La cantidad de excrementos se pesa cada día y, en función de los resultados, se modifica el régimen.

Leche e intestino

El consumo de leche, más en concreto de leche de vaca, es cada vez más discutido en el caso de personas con vientre delicado.

No es cuestión de privarse de este alimento rico en calcio asimilable. Al contrario que todas las sales industriales de calcio que son sencillamente carbonato de calcio (último avatar de una calciterapia muy de moda en el siglo pasado prácticamente abandonada), el organismo se niega a asimilar este calcio pedregoso salvo que se materialice en cálculos (litiasis vascular, litiasis renal).

La lactosa

Ahora bien, muchos pacientes víctimas del síndrome de colon irritable (SCI) señalan una relación entre la toma de alimentos lácteos y gases, espasmos dolorosos y gases malolientes.

La leche contiene, además de calcio, una cantidad importante de un azúcar particular denominado lactosa que, en elevadas dosis, puede irritar a los intestinos delicados. La digestión está, en efecto, regulada por un fermento, la lactasa, que a veces está presente en cantidades insuficientes en el intestino. Así, el adulto tiene unos jugos digestivos pobres en lactasa y por eso le cuesta digerir la leche y sus derivados. Por el contrario, los lactantes y los bebés y las personas muy mayores tienen una buena capacidad de digestión, ya que reaparece la lactasa.

El consumo de productos lácteos conoció una verdadera explosión a partir de la mitad del siglo XX. El consumo de leche y de productos lácteos en Europa es muy alto y muchas regiones han incluso duplicado la producción de queso y productos lácteos en los últimos años.

Esta necesidad de producir más ha conllevado modificaciones profundas del ecosistema de la vaca, el animal productor.

En primer lugar, se presentó la tuberculosis bovina, una plaga destructora del ganado vacuno, de forma que todas las vacas desde finales del siglo XIX y primera parte del siglo XX se vacunaron, lo que dejó rastros inmunitarios a nivel de descendencia. Los humanos también se vacunaron contra la tuberculosis con la BCG, muy extendida. Por lo tanto, existen posibilidades de conflicto antígenos-anticuerpos, lo que tiene consecuencias en la reactividad inmunitaria particular de los lactantes y en la digestión. Las regurgitaciones y los vómitos son frecuentes.

La alimentación del ganado se ha modificado profundamente. No hay ni que recordar los efectos desastrosos conocidos por todos que tuvo la introducción de harinas animales.

La leche de vaca, pese a su riqueza en calcio, solo debe consumirse en cantidades razonables.

En el caso del adulto, es mejor recurrir a la leche ya fermentada, es decir, consumir yogures o queso. No se deben ingerir más de dos yogures al día. En cuanto a los quesos, es mejor decantarse por los duros que los blandos, con leche cruda (tipo Camembert, por ejemplo). También conviene evitar la leche natural porque coagula en el estómago y puede ser indigesta.

En el caso de los lactantes no hay nada como la leche materna: ¡es irremplazable! Si no es posible existe una gran gama de leches adaptadas, ricas, maternales, que el pediatra recomendará.

Existe una solución de sustitución a la leche de vaca: la de cabra. Se encuentra fácilmente, no es muy cara, y suelen digerirla mejor los niños con eczemas atópicos. Su sustitución suele curar los eczemas. También son muy interesantes los yogures y la leche de oveja.

En cuanto a la leche de soja, es digesta y rica en proteínas, pero no contiene calcio. Por eso hay que volver a añadir en forma mineral fosfato de calcio, que es muy difícil de fijarse a los huesos.

Prebióticos: alimentar la flora

La flora intestinal es muy preciada y debe ser alimentada, cuidada y reforzada

Esa es la función de determinados nutrientes que se denominan prebióticos. Estimulan el crecimiento y la actividad del Bifidus y Lactobacterium. Estos prebióticos los aportan las verduras y la fruta y tienen un alto contenido en fibras, constituidas por azúcares lentos. Sumarlos al régimen alimentario siempre es muy útil y, en determinadas circunstancias, puede incluso ser indispensable. Por ejemplo, cuando se sigue un tratamiento con antibióticos, siempre sale perjudicada la flora intestinal.

Las fibras prebióticas que contienen estos alimentos tienen la particularidad de estar compuestas no tanto de celulosa como de largas cadenas de fructosa, asimilables a nivel de la luz intestinal en forma de fructooligosacáridos.

Estos azúcares lentos los metaboliza la flora intestinal. Así la van alimentando y favorecen su crecimiento y su multiplicación.

Las inulinas son un claro ejemplo de fibras prebióticas. Se encuentran en diferentes verduras y frutas: puerros, cebollas, alcachofas, tupinambo, ajo, espárragos y plátanos. Cuando se degusta el fondo de una alcachofa se está tomando inulina prácticamente pura. Por lo tanto, este tipo de alimentos debería estar presente en el menú. En casos de tratamientos muy agresivos a veces es indispensable reforzar la administración de estas sustancias prebióticas. Las verduras y las frutas que se toman a diario no bastan y hay que recurrir a complementos alimentarios.

Después de una intervención quirúrgica en el colon o recto-sigma debido a diverticulosis o cáncer, tras duras sesiones de quimioterapia, vale la pena subir la dosis de prebióticos. La industria prepara también fructooligosacáridos purificados, llamados FOS, en forma de polvo o gránulos mediante fermentación de glucosa y con ayuda de levaduras específicas. Se administran en una dosis de 4 a 8 g por día para aliviar las diarreas posquirúrgicas y estimular las defensas inmunitarias intestinales, algo fundamental.

También se pueden adquirir alimentos dietéticos enriquecidos en FOS, por ejemplo, en forma de leche y yogur. Los prebióticos también tienen una acción positiva para el colesterol sanguíneo (baja el LDL, el colesterol «malo» y eleva el HDL, el «bueno»). Estimula la absorción de magnesio y de calcio, muy positivo para el equilibrio nervioso y para la solidez ósea.

No obstante, en caso de intolerancia a la lactosa, de cálculos vesiculares, de radioterapia en el tubo digestivo o de síndrome de colon irritable conviene ser prudente, ya que los prebióticos pueden provocar gases fétidos, hinchazón y diarreas. En ocasiones la alcachofa y el tupinambo tampoco se toleran bien.

Las intolerancias alimenticias deben investigarse siempre con cautela y aplicar un régimen individualizado.

Probióticos:
una flora regenerada

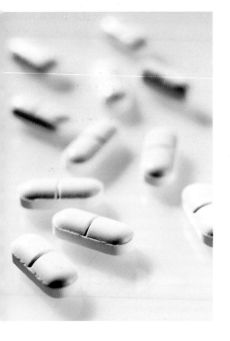

En determinadas circunstancias es importante recuperar una flora intestinal normal. Por ejemplo, después de una terapia con antibióticos o una intervención quirúrgica o sencillamente después de una seria infección intestinal que haya provocado diarreas repetitivas se impone la ingestión de probióticos.

Los probióticos son microorganismos vivos favorables para la salud capaces de implantarse durante un largo período de tiempo en la mucosa del intestino.

Estos organismos son de dos tipos:

- Bacterias que pertenecen a las familias de los Bifidus y Lactobacillus que normalmente son aportadas por la leche y los derivados lácteos. Son capaces de metabolizar azúcares (lactosa) y proteínas de la leche. Son los que forman la parte esencial de la flora intestinal.
- Levaduras que pertenecen al grupo de sacaromicetos capaces de fermentar y, por consiguiente, de metabolizar todo tipo de azúcares y de alimentos azucarados. La más conocida es la levadura de cerveza, *saccharomyces cerevisiae*.

Los alimentos fermentados, en concreto los lácteos, son ricos en bacterias prebióticas: leches, quesos y yogures. Su uso alimenticio es muy antiguo puesto que ya se mencionaban en los Veda, base de la medicina de ayurveda, y en la Biblia. Estos probióticos pueden consumirse también en forma de complementos alimenticios o especialidades farmacéuticas.

Un buen probiótico debe ser capaz de resistir la acción agresiva de los jugos gástricos, ácido clorhídrico casi puro, antes de llegar a la mucosa intestinal. Debe colonizar las vellosidades intestinales y perdurar varias semanas. Al implantarse en el intestino y proliferar las bacterias prebióticas modifican el pH del entorno intestinal y favorecen así la multiplicación y la renovación de la flora intestinal.

En cuanto a las diarreas, los probióticos tienen un papel terapéutico eficaz en el flujo intestinal. Neutralizan las toxinas segregadas por los rotavirus responsables de desórdenes intestinales que castigan duramente al organismo mediante pequeñas epidemias. Incluso, en altas dosis, pueden provocar estreñimiento.

En el caso de los lactantes, la administración de leches maternas enriquecidas en probióticos puede combatir las regurgitaciones y el reflujo. Están indicadas en el tratamiento de diferentes alergias alimenticias. Asociadas a medicamentos indispensables se incorporan a tratamientos de graves enfermedades inflamatorias del intestino (Crohn, rectocolitis hemorrágica).

Un verdadero alimento probiótico: el yogur

El yogur se introdujo en España en 1918 como producto artesanal con solo tres días de vida; actualmente tiene una duración de hasta 28 días. El yogur es el resultado de la fermentación de la leche gracias a dos bacterias prebióticas: *Lactophilus bulgaricus* y *Steptococcus thermophilus*.

Se suele presentar en tarros de 125 g y debe contener como mínimo 10 millones de probióticos vivos por gramo, es decir casi 1.000 millones de gérmenes por tarro (1.109), una cifra más que considerable.

Entre uno y dos yogures al día permiten garantizar una eficaz protección de la flora intestinal.

RETORNO AL EQUILIBRIO

Reencontrar la vitalidad actuando sobre el vientre

En determinados momentos del año, uno puede sentir fatiga, tristeza e incluso depresión. La tez pierde brillo, se siente más sensible al frío e incluso el peluquero alerta del mal estado del pelo y aconseja consultar al médico, ya que puede ser una consecuencia de algún tipo de enfermedad. Sin embargo, todos los análisis salen correctos.

Fatiga, tristeza, sensibilidad… en general, una falta de energía. Hay que reaccionar.

Estos bajones de vitalidad están relacionados con perturbaciones del gran eje digestivo hígado, vesícula biliar e intestino.

El hígado y la vesícula se ven afectados por el agotamiento y una lenta intoxicación debido a errores alimenticios que secretan menos bilis y cada vez de peor calidad. Al intestino le faltan sales biliares y la absorción de diferentes nutrientes se efectúa de forma errónea, provocando fatiga.

Es vital hacer un drenaje mediante una cura de rábanos. Comprar en el mercado un buen racimo de rábanos negros (*raphanus sativus niger*). Lavarlos cuidadosamente y poner una decena de lonchas finas en un plato hondo, espolvoreándolas con una cucharada de azúcar. Recubrir después con medio vaso de agua. Dejar macerar la mezcla toda la noche.

A la mañana siguiente, verter el líquido obtenido en un zumo de limón caliente. Tumbado sobre el lado derecho, permanecer así 15 minutos.

El zumo de rábano negro con el ácido del limón es un colagogo y un colerético, de manera que limpia la vesícula, estimula la función colerético del hígado y purifica el intestino. Se debe seguir esta cura de rábano negro durante 10 días al mes, dos o tres meses seguidos para desintoxicarse. Se verá cómo la piel se vuelve radiante y uno se siente en plena forma. La flatulencia y el estreñimiento también mejorarán.

Otros alimentos tienen la virtud de desintoxicar estimulando el eje hígado-vesícula-intestino. Las hierbas aromáticas como el tomillo, el serpol, la ajedrea, la infusión de romero, la angélica, el ajo y la alcachofa también son excelentes complementos.

En caso de saturación hepática, de boca pastosa, de hinchazón intestinal con quemazón y dolor, probar esta receta.

Sobre una gasa estéril echar 10 gotas de tinte de Berberis, preparado a partir de ramas frondosas. Aplicarla en la región del hígado recubierta por una bolsa de agua caliente a 37 °C. Mantenerla 20 minutos en posición tumbada para descongestionar el hígado y el colon derecho.

Colagogo: que estimula el vaciado de la vesícula; colerético: que aumenta la secreción biliar.

Una dietética equilibrada

El estrés oxidativo (SOD) se halla en el origen de numerosos problemas de vientre: hinchazón, espasmos, gas y mala absorción de determinados nutrientes. Se entiende por estrés oxidativo una patología vinculada a la acumulación de iones de oxígeno del aire que respiramos que provoca errores metabólicos y acumulación en el interior de las células.

Estos iones liberados, llamados radicales libres, son especialmente agresivos, ya que atacan los ácidos grasos insaturados que estructuran la mayoría de las membranas celulares y, los oxidantes, los anquilosan. Se trata de un fenómeno que condiciona en particular el envejecimiento y la degradación. Este anquilosamiento progresa de célula en célula, de tejido en tejido, y acaba dañando a todo el organismo.

Este estrés oxidativo es intenso a nivel de las células intestinales que están siempre irritadas por la digestión y por numerosas toxinas, incluso si existe una rápida renovación de la mucosa.

Un régimen rico en alimentos antioxidantes es, por consiguiente, indispensable para mantener el equilibrio.

Para alimentarse bien, hay que seguir estas recomendaciones nutricionales (régimen TS).

Prever

- 1 día a la semana: carne roja, entre 100 y 150 g máximo, evitando el cordero y el cerdo, que contienen mucha grasa.
- 1 día a la semana: carne blanca (ave y conejo), entre 100 y 150 g.

- 3 días a la semana: pescado, preferentemente azul (sardina, caballa, atún, salmón). El marisco debe ser consumido en cantidades moderadas ya que tiene una alta cantidad de selenio.
- 1 día a la semana: 2 huevos.
- 1 día a la semana: régimen vegetariano (verdura, fruta, yogur, queso).

Evitar

- El azúcar y todo lo que está demasiado azucarado (azúcar natural, miel, mermelada, chocolate, bollería).
- Charcutería, ya que es una gran fuente de ácido úrico.
- Restringir la sal.
- Beber mucha agua. Lo ideal es tomar entre 1,5 y 2 litros por día de agua baja en sal o rica en calcio.

Consumir

- Verduras: elegir hortalizas de hoja verde (brécol, espinacas, lechuga), roja y negra (tomates, zanahorias, berenjena), amarillentas (pimiento, melón).
- Fruta: roja y negra (arándanos, casis, frambuesas), naranja y amarilla (naranjas, albaricoques, pomelos rosados).
- Los colores son importantes ya que señalan la presencia de antocianos y de flacones, que son poderosos antioxidantes.
- Aportes cálcicos: el calcio es importante para los huesos y debe ser aportado por los alimentos. Sólo el calcio orgánico es absorbido por el intestino. Si los alimentos a base de vaca le irritan el intestino, escoja los elaborados a partir de oveja y cabra.
- Grasa: evite la grasa animal, excepto un poco de mantequilla (10 g) para obtener vitamina D3 que es indispensable para la fijación del calcio.
- Harinas: moderar el consumo de pan (tres lonchas ligeras de pan integral al día). En vez de comer patatas, conviene tomar pasta y arroz integrales.
- Por último el vino tinto, rico en taninos y antocianos, es beneficioso. Dos vasos por día en el caso de los hombres (unos 30 cl) y un vaso en el caso de las mujeres es un aporte positivo y agradable.
- En vez de tomar café por la mañana es preferible decantarse por el té verde, un maravilloso aporte antioxidante.

Gimnasia del vientre: el método de la Dra. Ehrenfried

La gimnasia regular es clave para la salud del organismo. Invertir tiempo en hacer gimnasia vale la pena.

Mantener la flexibilidad de las articulaciones, evitar el anquilosamiento debido a la artrosis, facilitar la circulación de la sangre tanto a nivel de las extremidades como del cerebro son beneficios que nos aporta la gimnasia.

Conservar los músculos sin caer en una musculatura excesiva e intensa, flexibilizar la columna lumbar, fortificar la cintura abdominal, aumentar la flexibilidad sin sobrecargar el corazón y ganar en salud y armonía.

Un vientre plano y tonificado será la recompensa visible, tanto estética como funcional.

Sin embargo, hay tres condiciones que conviene tener en cuenta:

- En primer lugar, comprender que forzando los músculos y las articulaciones no se obtienen mejores resultados, sino todo lo contrario.
- Toda gimnasia debe practicarse con regularidad.
- Elegir una técnica suave, inteligente, eficaz que sin sobrecarga vaya moldeando la figura, alisando el vientre y fortificando el intestino.

El método desarrollado por la doctora Lily Ehrenfried, experta en gimnasia global, nos aporta todas estas ventajas.

Es una gimnasia suave, que tiene como finalidad mejorar el vientre y, por consiguiente, todo el organismo. Es agradable y tiene en cuenta todos los órganos del cuerpo, así como su funcionamiento, incluyendo los intestinos. El principio es muy sencillo. Nosotros estamos contracturados siempre debido a los distintos tipos de estrés a los que nos somete la vida en sociedad: esquemas educativos impuestos desde la infancia como llevar la mochila, mantener una postura erguida, gimnasia escolar mal adaptada al cuerpo del niño, etcétera.

Más tarde las contrariedades son las que nos provocan angustias que bloquean el vientre o desencadenan problemas cada vez más graves. Moverse en coche atrofia los músculos abdominales y de las piernas y acumula en la tripa una antiestética masa adiposa y mayores riesgos metabólicos y cardíacos, según ha demostrado la medicina moderna.

El método Ehrenfried se propone liberarnos de todas las presiones y daños en los tejidos que engendran desequilibrios articulares y perturban el buen funcionamiento de los órganos afectados.

Para conseguir este objetivo, la Dra. Ehrenfried propone movimientos definidos de modo que la persona sea consciente de las molestias o hándicaps que tiene.

De esta manera, el cuerpo ya liberado posee una tendencia organizadora espontánea que corrige todos los errores y pone cada cosa en su sitio, si le damos la posibilidad. Esta toma de conciencia elabora una solución que el cerebro reconoce y que se producirá, por lo tanto, de forma instintiva.

La doctora Ehrenfried (1896-1994) también estableció una serie de movimientos propuestos para el alumno que deberá efectuar según su propia sensibilidad, sus propias posibilidades. Este trabajo físico, concreto y previsto por el movimiento armónico del cuerpo y del espíritu, tiene muy en cuenta el vientre y la cabeza. Fundado en el despertar sensorial y una toma de conciencia íntima, esta tarea invita al alumno a reencontrar su movilidad natural a la vez que personaliza las tareas.

El método de la doctora Ehrenfried es un método suave y natural que se basa en la *natura medicatrix* de la que ya hablaba Hipócrates, padre de la medicina, es decir, que hace intervenir y libera fuerzas que la naturaleza espontáneamente pone en práctica para preservar la salud siempre y cuando se sepan canalizar y orientar los efectos.

En este sentido tiene que ver con el humanismo y una aplicación personalizada sin peligro.

Vientre y ejercicio físico

El sedentarismo es un gran enemigo del intestino, ya que acelera el envejecimiento del organismo.

El hecho de no practicar ejercicio físico no solo contribuye a aumentar de peso, sino que además ralentiza el funcionamiento del colon, es decir, del intestino grueso. Por lo tanto se produce hinchazón y estreñimiento que se traducen en una disminución de las contracciones de la túnica muscular cólica. Las toxinas se acumulan y van envenenando al organismo. Además, la circulación sanguínea disminuye en este nivel, de modo que la flora intestinal se ve perturbada con consecuencias hormonales y biológicas.

También es posible que surjan las molestas hemorroides. La práctica de deporte será muy favorable para evitar todos estos efectos negativos.

Diferentes deportes para reencontrar un bienestar intestinal

La natación en piscina es muy ventajosa para el vientre. Refuerza suavemente la parte abdominal sin sobrecargar las vértebras lumbares. Una hora de natación a la semana es un buen secreto de salud.

El ejercicio al aire libre también es muy positivo. El tenis y el golf son de los más eficaces. No hay que ser un campeón para beneficiarse. Se ha demostrado también que una hora de deporte multiplica por tres la rapidez del tránsito intestinal, aliviando la circulación de la pelvis y mejorando también las hemorroides que sufren muchas personas que pasan mucho tiempo sentadas.

Los deportes en los que se corre o se salta también son muy beneficiosos para el intestino: baloncesto, voleibol o balonmano contribuyen al mantenimiento de la buena salud.

Este verano, en la playa, intente jugar a voleibol y a balonmano. Cada vez que golpee la pelota estará disfrutando de salud a pleno sol.

Ahora bien, si su empleo del tiempo o determinados dolores como los articulares no le permiten la práctica deportiva, intente dar un paseo cada día a buena marcha. Es un ejercicio excelente. Entre media hora y una hora caminando cada día bastan para garantizar la regularidad del cuadro cólico y una irrigación sanguínea satisfactoria.

Las contracciones repetidas de los músculos de las piernas y la pelvis efectúan un masaje interno profundo de la masa intestinal y regulan la digestión. Los gases y los dolores suelen evaporarse siempre y cuando se trate de un paseo rápido (sin pararse constantemente a ver escaparates). Sin correr, es adecuado acelerar el paso y hacerse con un buen calzado deportivo.

¡Hágase con un podómetro!

Este ligero instrumento se parece a un cronómetro en grande. Se puede fijar a la cintura y va contando el número de pasos efectuados. Para ir bien se deben hacer unos 5.000 pasos al día.

Hacer que el vientre respire

Para un espíritu cartesiano es difícil imaginarse a un ser respirando por otro lugar que no sean los pulmones. Que nosotros sepamos, los pulmones, salvo que se demuestre lo contrario, están en el tórax y no en el abdomen.

Sin embargo, esta noción de respiración por el vientre es bastante clásica y suele estar ligada a disciplinas orientales como el yoga o la meditación. En efecto, se respira con los pulmones pero con los músculos del tórax. No existe respiración sin músculos, ya que los pulmones no pueden hincharse solos.

El miedo y el alivio

Observemos qué ocurre cuando nos vemos bruscamente sorprendidos por el chillido de unos neumáticos o un claxon al cruzar una calle. Nos sobresaltamos, nuestro cuerpo queda preso por la sorpresa y elevamos los hombros, contraemos la mandíbula y respiramos rápidamente por la boca. Solo la parte alta de nuestro cuerpo y, por lo tanto, de los pulmones, respira. Estamos en estado de máximo estrés. Imaginémonos al contrario que, después de haber sentido mucho miedo por una noticia inquietante, de repente nos dan otra tranquilizadora. Nuestro cuerpo marca este alivio al soplar por la boca, bajando los hombros y el tórax y relajando el vientre. La parte baja del cuerpo y el vientre respiran. Estamos en estado de mínimo estrés.

Hay muchos músculos que intervienen en la respiración, pero el más importante es el diafragma. Es además el músculo más poderoso de todo el organismo. Para comprender bien el interés de respirar por el vientre con la ayuda del diafragma vamos a ver diferentes maneras de respirar en función del estado de estrés.

Aprender a respirar por el vientre

Cuanto más estrés sentimos más respiramos por la parte alta de los pulmones utilizando las clavículas y la mandíbula. En estado de estrés normal el tórax se hincha un poco, del mismo modo que hacen los cómicos cuando imitan el caminar de los hombretones, avanzando el tórax. Ahora bien, la naturaleza ha puesto unos huesos alrededor del tórax y, sin duda, pueden abrirse ligeramente para permitir cierta expansión, aunque existe un terreno más blando y flexible para que los pulmones puedan extenderse hacia abajo, hacia el vientre.

En estado de plenitud y de calma el vientre se hincha con la inspiración, ya que los pulmones se distienden hacia abajo, empujando el gran músculo del diafragma. Por eso, no conviene que este gran disco muscular que separa el tórax del vientre quede paralizado por el estrés crónico. Este gran músculo debe subir y bajar al respirar. La mayoría del tiempo no ocurre así porque el estrés encierra el diafragma. No podemos respirar más que de forma torácica y, por lo tanto, incompleta.

Observemos respirar a un bebé de tres o cuatro meses que todavía no sufre el estrés de la escuela ni ningún tipo de presión. Siempre parece que tiene la barriga hinchada, pero en realidad, es que está respirando de forma natural con el vientre.

Un ejercicio para aprender a respirar

En un lugar tranquilo y silencioso, inclinémonos hacia delante sin forzar pero manteniendo las piernas estiradas. Relajemos la cabeza. Pongamos una mano sobre el vientre con la finalidad de sentir bien todo. Imaginémonos que el vientre es una cabina de un ascensor que sube y baja. Con cada inspiración, dejamos que el tórax se alise y después hinchemos el vientre para que la cabina del ascensor descienda. Pensemos incluso que va a bajar hasta el nivel del suelo. A continuación, en el momento de expirar por la boca, dejamos el tórax liso y hagamos subir el vientre ahuecándolo como si la cabina del ascensor fuese a subir por encima de la espalda. Una vez hayamos captado bien cómo realizar este ejercicio podremos realizarlo también tumbados o de pie.

Una maravillosa fuente de salud: el automasaje intestinal

Una de las fuentes más preciadas de salud es la práctica del automasaje intestinal cada mañana. El masaje es uno de los factores naturales de salud más preciados. Masajearse uno mismo permite cuidar del cuerpo.

El automasaje del vientre activa la circulación de la sangre y de la linfa, de manera que el intestino recibe sangre oxigenada y fuerte. El contacto de la mano sobre la piel estimula los puntos nerviosos reflejos que tranquilizan los espasmos dolorosos y tonifican un intestino que sea demasiado perezoso. El automasaje de la mañana combate la hinchazón y los gases, el estreñimiento, la irritabilidad de la mucosa intestinal.

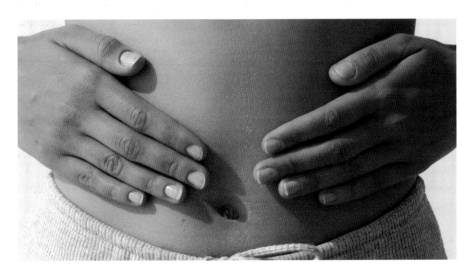

Se puede practicar al despertarse, antes de levantarse.

Estirado sobre la cama, después de haber bebido un vaso de agua tibia o, aún mejor, una taza tibia de tisana de bardana (planta depurativa), empezar de forma suave practicando 5 minutos de movimientos respiratorios que se asemejen lo máximo posible a la respiración natural.

Inspirar el aire suavemente por la nariz hinchando ligeramente el vientre, pero sin forzarlo. Después echar el aire por la nariz sin hundir apenas el abdomen. Esperar un momento antes de retomar espontáneamente el aliento. Tras realizar durante unos minutos esta respiración relajante se siente una delicada sensación de distensión, sobre todo si se toma conciencia de los movimientos del diafragma (gran tabla muscular que separa el tórax y el abdomen que se eleva y baja al ritmo de los movimientos).

Relajado y tumbado, después de haber desnudado el vientre, empezar el automasaje. Comenzar acariciando delicadamente con la yema de los dedos y la palma de la mano el abdomen. Se trata sobre todo de acariciar, no de presionar. Primeramente en la parte baja del lado derecho, donde se encuentra la parte inicial del intestino grueso, el ciego, en el punto de unión con el intestino delgado y la válvula de Bauhin. A menudo, hay estancamiento de heces e irritación del apéndice si no ha sido retirado.

Después, lo ideal es subir por el lado derecho acariciando con ambas palmas. Se sentirá vibrar ligeramente la vesícula biliar y un discreto ruido indicará que se vacía.

A continuación seguir, de derecha a izquierda, atravesando el colon. Al llegar al ángulo izquierdo, al nivel de la bolsa de gases, insistir sin presionar. Ir descendiendo por el lado izquierdo y detenerse en la parte terminal, en la zona rectosigmoide. Aquí es donde suelen acumularse las materias si se está estreñido y suelen formarse divertículos que a veces son peligrosos y a menudo dolorosos.

Volver a empezar este automasaje empezando de derecha a izquierda durante 5 minutos más.

Seguidamente continuar el masaje, siempre de derecha a izquierda, durante 5 minutos, pero esta vez ejerciendo una presión más fuerte. Cuidado porque nunca debe resultar doloroso. No hay que palpar fuerte, sino que sencillamente hay que dejar vibrar las manos y las yemas de los dedos suave y comunicar estas vibraciones al vientre. Así se estimula también la mucosa cólica acelerando discretamente la motricidad. Seguir unos 5 minutos más.

Este automasaje practicado de manera regular todas las mañanas combate los gases, la hinchazón y el estreñimiento. Calma los espasmos dolorosos y en varias semanas hace que el vientre sea plano y tónico.

La postura, clave de un vientre plano

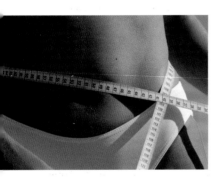

Leyendo cualquier revista podemos ver que en esta sociedad no triunfan las barrigas abultadas. Antaño eran un símbolo de bonanza de la burguesía pero en la actualidad el perímetro abdominal se ha convertido en un enemigo.

Ya hace mucho tiempo que los cánones de seducción femenina han satanizado las barrigas abultadas. Pero ahora no son solo las mujeres las que se preocupan, sino que los hombres también se esfuerzan y luchan por tener su «tableta de chocolate».

Recientemente la ciencia médica ha reforzado esa visión de delgadez al relacionar la mortalidad cardiovascular con el perímetro abdominal abultado; 95 cm en el caso de las mujeres y 105 cm en el caso de los hombres son las cifras ideales. Por encima de ellas las arterias y el corazón están en peligro.

¡Tener un vientre plano no es solo cuestión de belleza!

Sino que también garantiza una buena digestión, un bienestar del cerebro abdominal y del mundo emocional. Para ello, hay que luchar contra la obesidad abdominal, esta grasa que se aposenta entre los órganos digestivos y que no se ve porque está situada detrás de los músculos abdominales.

Ahora bien, también hay que cuidar la postura. Para quienes sobrepasan los 95 cm de las mujeres y los 105 cm de los hombres, la buena postura representa la mitad del problema.

Desarrollar la postura de forma correcta para tener un vientre plano requiere un buen aplomo físico y mental. Meditemos sobre el término «aplomo» que significa a la vez verticalidad y afirmación de uno mismo.

Desarrollar los dos aplomos

Este pequeño ejercicio repetido a diario permite desarrollar los dos aplomos.

Con los pies descalzos y de pie, cerrar los ojos (o cubrir si se tiene tendencia al vértigo), respirar lentamente a poder ser por el vientre, hinchándolo al inspirar y vaciándolo al expirar.

Las puntas de los pies tendrán que dirigirse ligeramente hacia el exterior; si los pies fuesen las agujas de un reloj deberían indicar las once y cinco minutos. Mover la pelvis como si se quisiese proyectar el pubis hacia delante y borrar la curvatura lumbar. Las rodillas pueden flexionarse ligeramente, pero no mucho. Enderezar suavemente la espalda, vértebra por vértebra, hasta los hombros y después la cabeza, que deberá mantenerse erguida, con el mentón hacia dentro y el cráneo hacia atrás. Descontracturar los hombros que deberán abrirse para liberar la respiración. Imaginémonos que sobre la cabeza (donde se pondría la barra para medirnos) tuviésemos un hilo de plomo invisible que llegase hasta el centro del perineo (entre la vulva y el ano en las mujeres y entre el escroto y el ano en los hombres). Ni demasiado a la derecha ni demasiado a la izquierda, ni muy adelante ni muy atrás. Tenemos que observar bien la postura, permaneciendo con el vientre plano, con la respiración más libre y con nuestro aplomo… preparados para mover montañas.

Debemos practicar este ejercicio un poco cada día.

Tener abdominales no sirve para nada

Contrariamente a la tendencia de desarrollar los abdominales gracias a una musculación intensiva, que requiere además un gran esfuerzo, el vientre no se aplana con este tipo de ejercicios. Los abdominales son músculos de sostén, por lo que desarrollarlos en exceso no sirve de nada. Vale más la pena realizar una actividad física lúdica que nos permita eliminar la grasa abdominal, seguir una buena dieta y cuidar la postura.

¿Las grandes barrigas son sinónimo de miedo?

En el cine o en el teatro, las personas miedosas suelen representarse mediante un actor un tanto entrado en carnes. El arte es testigo del inconsciente colectivo, pero eso no quiere decir que las personas obesas sean miedosas y las delgadas temerarias, ni mucho menos. Significa que una postura de miedo, de sumisión de quien mete el cuerpo hacia dentro por temor a que ocurra algo malo, se traduce por un vientre más prominente.

Ejercicios prácticos para un vientre plano y una buena salud

El método de la Dra. Ehrenfried nos proporciona movimientos bien adaptados para mantener la salud del vientre. Se trata de hacer trabajar tres grandes ejes fisiológicos que conviene liberar para que el cuerpo y los órganos reencuentren un funcionamiento natural. Para que recuperen una respiración espontánea, tonicidad-atención activa y un equilibrio global teniendo en cuenta:

- **La interactividad:** el movimiento de una región del cuerpo actúa de manera local y también a distancia sobre otra región, aunque esté alejada. Un movimiento de los pies puede actuar sobre el abdomen.

- **La comparación:** entre cada movimiento, el vivido debe ser descrito oralmente. Así se enriquece la sensibilidad propioceptiva, es decir, la percepción íntima del funcionamiento de los órganos. Así se conoce mejor el cuerpo y se pueden corregir espontáneamente ciertos errores.

- **La interpretación personal del movimiento propuesto:** el profesor no muestra jamás el movimiento. Sin realizar gestos, sencillamente lo describe. El alumno debe realizar el movimiento según su propia sensibilidad y sus posibilidades. Para poder probar el método proponemos tres ejemplos de movimientos que le ayudarán a solucionar los problemas de vientre. Llévelos a cabo preferiblemente por las mañanas. Basta con un cuarto de hora.

- Estirado boca arriba, con las piernas flexionadas y los pies en paralelo, apoyar ligeramente los pies sobre el suelo como si se quisiera empujar.
- Contraer el perineo. Después apoyar la punta de la lengua contra el paladar y activar el músculo transversal que recubre el abdomen. El vientre plano será la recompensa.

- Estirado boca arriba, con las piernas flexionadas y la cabeza apoyada en un libro fino, observar primero la respiración espontánea en esta posición de relajación. Dejarse llevar. Sentir cómo se dilata el tórax y después cómo se contrae al propio ritmo. El vientre lo seguirá.
- Girar la cabeza lentamente hacia derecha e izquierda y después inversamente. Analizar lo que se siente a nivel cervical y después abdominal.
- Por último, abrir bien la boca y bostezar hondo.
- Este bostezo libera el diafragma y la cintura abdominal.
- A continuación, con la boca cerrada, masajear el paladar con la lengua apoyando la punta y yendo de delante hacia atrás y al contrario. Dedicar un tiempo de reposo entre dos respiraciones.

- De pie, hacer rodar una bola de plástico dura, tipo pelota de golf, sobre la planta de uno de los pies.
- Hacer rodar la bola desde el talón hasta la punta de los dedos y viceversa.
- Realizar este automasaje de pie seis veces seguidas.
- Analizar lo que se siente. El pie trabajado estará más relajado, más vivo en relación al otro pie. Ya habrá dejado de ser un «muñón» inerte.
- Si se flexiona el busto hacia delante, constatar que el brazo del lado del pie trabajado desciende más que el otro. Hay una relajación muscular de todo el hemicuerpo.
- Por último, se sentirá una deliciosa sensación de bienestar al nivel del vientre que se recontracta y se deshincha.
- Volver a hacer este automasaje con pelota en el otro pie.

De esta manera en unos minutos al día se verá cómo mejora el funcionamiento del intestino. Ahora bien, nada reemplazará un buen curso organizado por un especialista competente en el método Ehrenfried.

Ejercicios prácticos adicionales

Cielo, tierra, hombre; el vientre y el Tao

Este ejercicio inspirado en el taoísmo y en la medicina tradicional china es un tesoro de bienestar para el intestino y para todos los órganos abdominales.

De pie y descalzo en un lugar tranquilo, con los ojos cerrados o semicerrados, sentir el contacto de los pies con el suelo. Todo el pie está en contacto: los dedos, el talón y los bordes; sentir el vacío del puente. Levantar poco a poco el brazo en posición vertical, como si se quisiese tocar el cielo con la palma de la mano; elevarse al máximo y conectarse con lo que siente en el vientre. Expirar todo el aire del pecho metiendo el vientre hacia dentro. Después volver a inspirar buscando el contacto con las nubes lo más alto posible; de nuevo expirar metiendo el vientre. Repetir este ejercicio durante cinco respiraciones.

Llevemos las manos al lado del cuerpo, con el brazo y las palmas de la mano dirigidas hacia el suelo, como si quisiésemos tocar la tierra aunque permanezcamos derechos. Así nos obligamos a relajar los hombros. Manteniendo esta postura, expiremos el aire por completo metiendo el vientre al máximo y después volvamos a inspirar aire. Repitamos el proceso durante cinco respiraciones.

Por último, apartemos el brazo en posición horizontal, a cada lado del cuerpo, como si le estuviésemos dando la mano a un amigo. Alejemos las manos lo máximo del eje del cuerpo, como si nuestro amigo nos estirase de cada lado. En esta postura, relajemos los hombros y expiremos el aire por completo, metiendo el vientre. Volvamos a inspirar y repitamos el proceso cinco respiraciones.

El hilo de plomo para dar aplomo

De pie en un lugar tranquilo, con los pies bien colocados en el suelo, vamos a prestar atención al punto situado en lo más alto del cuerpo, por encima de la cabeza. El lugar de referencia cuando nos miden. Llamemos a este punto «polo norte». Después centraremos nuestra atención en el punto situado en medio del perineo (entre la vulva y el ano o entre la parte trasera de los testículos y el ano). Llamemos a este punto «polo sur». Con los ojos cerrados o semicerrados sentiremos la presencia de estos dos puntos y después seguiremos el hilo de plomo imaginario atado al polo norte que desciende por el interior de la cabeza y el cuerpo hasta llegar al centro de los pies. Haz que el hilo pase por el centro del polo sur. Lo sentiremos bien: ¿está demasiado hacia la izquierda o hacia la derecha, hacia delante o atrás? Retomaremos la postura para que los dos polos estén sobre la misma vertical. Respiraremos con calma y observaremos mentalmente el vientre y la comodidad abdominal. Tendremos que sentir el aplomo físico y el aplomo moral en esta postura. Asociaremos estos tres elementos mentalmente: la verticalidad, el aplomo; la comodidad del vientre; la confianza en uno mismo y en el aplomo psicológico.

Reencontrarse con el vientre

Tumbado cómodamente, con los ojos cerrados o semicerrados, poner las manos sobre el vientre y... acudir a su reencuentro. Está ahí, muy cerca de nosotros pero nunca nos acordamos de tocarlo, de acariciarlo, de masajearlo. Empecemos por acariciar el vientre, sintiendo las zonas más duras, las más blandas, y después masajeemos suavemente, sin hacer movimientos bruscos y sin hacernos daño. Si nos parece agradable, con un poco de costumbre, podemos aprender a masajear el vientre con mayor profundidad. Terminaremos palpando en forma de rodillo, que es un poco más doloroso, pero extremadamente relajante. Tenemos que hablar con el vientre y enviarle mensajes afectuosos. No tenemos que tener miedo de comportarnos como enfermos mentales. ¡Tenemos que atrevernos a confiar y mostrarle nuestro amor al vientre!

Micromicoterapia para el intestino

Pequeños hongos muy dinámicos

El vientre es muy sensible a la micosis, es decir, a ataques de hongos, sobre todo la Candida. La micromicoterapia es una rama de la medicina que utiliza diluciones homeopáticas de minúsculos hongos para tratar determinadas afecciones, en mayor parte las intestinales. La técnica de preparación de los medicamentos implica una dinamización por sacudidas sucesivas que aumentan su potencial energético y sus posibilidades de medicación.

El intestino padece una impregnación micósica generalizada característica del mundo moderno y de la contaminación actual. Esta impregnación micósica depende de numerosos factores.

En primer lugar, las curas repetidas con antibióticos, que suelen recetarse sin muchos miramientos destrozan la flora intestinal y dejan el terreno abonado para el desarrollo de bacterias y hongos perjudiciales.

Igualmente, la utilización de antibióticos en la medicina veterinaria para tratar las afecciones animales implica una contaminación de la carne e intestinos. Los residuos oleaginosos que se utilizan para la alimentación animal y la extracción de determinados aceites contienen toxinas micósicas, entre las que está la alfatoxina. Por último, las moquetas nuevas (incluso las tratadas), que son tan habituales en las casas están llenas de parasíticos, de ácaros (dermatofagoides) y también de microsporas micósicas.

Con estos datos vemos que existen numerosos orígenes posibles para alergias cutáneas e intestinales responsables de problemas muy variados.

Los microhongos

Se utilizan numerosas variedades de microhongos para tratar diferentes problemas de tránsito intestinal.

Es evidente que para poner en marcha el tratamiento hay que verificar antes la ausencia de cualquier tipo de lesión orgánica. El médico tiene que estar informado en todo momento.

Para colitis espasmódicas que se traducen en un síndrome de intestino irritable, se recomienda durante varias semanas:

Un día	1 ampolla	Penicillium caseicolum D8	30 ampollas
Al día siguiente	1 ampolla	Fusarium oxyporum D8	30 ampollas

Para diarreas

2 ó 3 veces al día	1 ampolla	Penicillium notatum D8	30 ampollas

Para estreñimientos

Por la noche, al irse a dormir	1 ampolla	Penicillium caseicolum D8	30 ampollas

Para aftas recurrentes que suelen esconder problemas cólicos, se alternará:

1 día	1 ampolla	Candida albicans D8	30 ampollas
Al día siguiente	1 ampolla	Penicillium citreus D8	30 ampollas

Para las hemorroides dolorosas que aparecen a veces después de un tratamiento prolongado de antibióticos y que atestiguan una infección micósica:

3 veces al día durante 10 días	1 ampolla	Candida albicans D8	30 ampollas

Los minerales para el intestino

Mineral de molibdeno

Mineral de zinc

Mineral de níquel

Los minerales, rocas y minerales diluidos y dinamizados, tienen una acción muy interesante en la regularización y desintoxicación del intestino. Son objeto de estudio de una rama de la medicina, la fitoterapia dequelatriz. Estos minerales actúan liberando elementos metálicos que, al activar determinadas enzimas, estimulan el metabolismo intestinal. Se prescriben en ampollas perlinguales al octavo decimal.

Esta fitoterapia dequelatriz tiene numerosas aplicaciones para el vientre.

Para reequilibrar la flora intestinal

- **Plata nativa D8:** este mineral de plata tiene una acción antiinfecciosa y antiinflamatoria que va bien para combatir la proliferación de poblaciones microbianas y micósicas.
- **Azurita D8:** este mineral de cobre tiene una acción bastante cercana a la de la plata, pero más antiinfecciosa. El cobre es un antiespasmódico muy poderoso que evita los fenómenos inflamatorios generadores de la flora patológica.
- **Betafita D8:** tiene una acción antiparasitaria ge-

neral (sobre todo en los oxiuros). Muchas colopatías tienen como punto de partida una parasitosis (amibiasis, teniasis). La betafita tiene un efecto de limpieza de las heces intuidas por parasitosis sobre el estado inmunitario del tracto intestinal.

- **Oropimente D8:** mineral rico en arsénico. Este sulfuro de arsénico tiene una acción antiinfecciosa y crea una especie de quimioterapia dinamizada que estimula las células inmunocompetentes y favorece la histolisis de las células indeseables.

Para una acción antiespasmos

- **Azurita D8:** su cobre es un antiespasmódico del músculo liso por excelencia. Combate las rampas abdominales.
- **Calcopirita aurífera D8:** mineral de cobre, como la azurita, pero cuya acción es puramente antiinflamatoria. Se utiliza en las patologías con rapidez de sedimentación elevada.
- **Lapislázuli D8:** acción antiespasmódica del magnesio y del aluminio con efectos antiinflamatorios del oro. La presencia de calcio en baja cantidad regulariza los intercambios iónicos al nivel de la membrana celular de las células intestinales.
- **Olivenita D8:** mineral de cobre y de arsénico cuya acción es antiespasmódica sobre todo si la tendencia espástica es de origen diencefálico y emocional.

Litoterapias contra el estreñimiento

- **Arenisca rosa D8:** la arenisca rosa corresponde a los estados atónicos generadores de colopatías con estreñimiento atónico. Una ampolla por la noche al acostarse en caso de estreñimiento.

Litoterapias que actúan como reguladores emocionales

El intestino se hace eco de las emociones. Por eso hay bioterapias dirigidas contra el estrés.

- **Glauconia D8:** útil sobre todo en patologías intestinales que sobrevienen en un contexto espasmófilo.
- **Rodonita D8:** manganeso, regulador neurovegetativo en los terrenos desmineralizados y personas cansadas.
- **Jaspe verde D8:** heredado de la medicina taoísta, será útil cuando el problema intestinal tenga como origen una disfunción biliar y sobre todo una insuficiencia del cuadro hepatobiliar.
- **Garnierita D8:** útil cuando hay insuficiencias exocrinas pancreáticas que generan gases abundantes.

La gemoterapia, la semilla antiedad

La gemoterapia designa la utilización de gemas o brotes de plantas para regenerar los tejidos.

Este método de tratamiento forma parte de la fitoterapia porque utiliza plantas, pero su originalidad reside en el hecho de que no es nunca la planta madura la que se utiliza, sino las partes jóvenes. Gemas, brotes nuevos, sabia y raíces son ricas en sustancias que atestiguan el crecimiento rápido de la planta. Estas partes trasmiten al organismo propiedades muy cercanas a las de toda la planta, pero centradas en la regeneración celular, es decir, una verdadera cura de rejuvenecimiento para los tejidos.

Al nivel del vientre, esta regeneración de tejidos es especialmente interesante para el intestino, que está siempre sometido a duras pruebas y también para el hígado que es la fábrica química de todo el cuerpo y el eje de la digestión. La acción de las gemas en el páncreas es esencial para las fatigas relacionadas con el vientre y la mala tolerancia del azúcar.

El romero y el enebro para los hígados fatigados

Baja forma, lentitud digestiva o cansancio más marcado después de las comidas son algunos de los síntomas de los hígados cansados por el estrés acumulado o por sustancias tóxicas acumuladas (mala alimentación, tratamientos prolongados, etc.) o incluso secuelas de una hepatitis que nos impide reponernos del todo. El romero (*Rosmarinus officinalis*) y el enebro (*Juniperus communis*) son dos plantas aliadas del hígado que garantizan una verdadera cura de rejuvenecimiento. Hay que tomar 25 gotas de cada uno por la mañana, al mediodía y por la noche.

Intestino: ¡cuando te apoderas de nosotros!

La colitis, los espasmos y los gases hacen que el vientre se tense y duela, creando una necesidad permanente de consciencia que hace que el segundo cerebro abdominal no logre relajarse. El arándano (*Vaccinium vitis ideae*) y la tila (*Tilia tomentosa*) son grandes aliados y pueden tomarse en una dosis de 25 gotas cada uno mañana, mediodía y noche. Añada también romero (*Rosmarinus*) si el estreñimiento complica aún más la situación, y nogal (*Juglans regia*) si los gases son importantes.

Las gemas se preparan por maceración en una mezcla de alcohol, agua y glicerina que permite que todos los buenos principios activos se extraigan sin perder propiedades. Se presentan en forma líquida y se toman en dosis de 50 gotas por la mañana, al mediodía y la noche para un adulto, mientras que la dosis será de 1 gota por kg y día en los niños. Se bebe con un poco de agua fuera de las comidas.

Se pueden utilizar distintas gemas de manera simultánea. En este caso, se intentará no sobrepasar la dosis global de 150 gotas por día en los adultos o 1 gota por kg y día en los niños.

Durante el año también se pueden alternar curas de diferentes gemas con la finalidad de ofrecer un ciclo de regeneración global del organismo.

Para adquirirlas basta con pedirlas con la denominación latina al farmacéutico. Por ejemplo: *Rosmarinus officinalis*, mercedado de glicerina 1 D, frasco de 250 ml.

Reflujo y acidez

Los síntomas vinculados con el reflujo o la acidez del estómago son frecuentes en las personas con estrés crónico. La sensación permanente de estómago inflamado por la noche que afecta a la calidad del sueño agrava también la sensibilidad del estrés. Es un círculo vicioso; la digestión es prácticamente imposible, incluso cuando se toman alimentos normales. Una cura de higuera (*Picus carica*) y de tila (*Tilia tomentosa*) será de gran ayuda.

La homeopatía: abonar el terreno

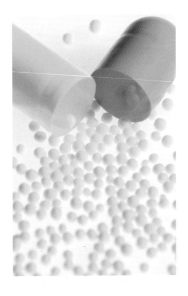

El método terapéutico descubierto por Samuel Hahnemann hace ya más de dos siglos es en la actualidad muy conocido en Europa. Tratar con diluciones extremas, dinamizadas, con sustancias que hubiesen dado los mismos síntomas si hubiesen sido tomadas por un sujeto sano. Esta es la base de la ley de la homeopatía: la ley de la similitud.

El eléboro blanco (*Veratrum album*) es una planta tóxica que puede provocar una intoxicación grave, ya que se confunde con una genciana que se le parece: diarrea, vómitos con agotamiento, sudores fríos e incluso síncopes pueden conducir a un estado grave. Esta misma planta puede curar los síntomas cuando se produce una gastroenteritis, por ejemplo, o una grave intoxicación alimenticia. Por eso, se utilizará el rizoma de la planta diluido y dinamizado, es decir, agitada un gran número de veces entre cada dilución. De esta manera el medicamento obtenido curará a la persona que tenga diarrea, sudores fríos, vómitos y alteración del estado general con agotamiento.

Numerosos medicamentos homeopáticos pueden aliviar muchos problemas de vientre.

La coloquíntida (*Colocynthis*) es una cucurbitácea decorativa, ya que es tóxica si se consume. Puede provocar cólicos por espasmos muy importantes que tienen una característica esencial: todos los dolores del vientre son calambres, que se alivian al doblarse. Por eso la coloquíntida alivia los cólicos, las gastritis y los problemas abdominales de todo tipo ya sean calambres o espasmos.

El vientre es algo serio por lo que si, a pesar de estos consejos, persisten los síntomas hay que consultar al médico.

Algunas claves contra el dolor de vientre

Dolores de vientre tipo espasmos que mejoran al doblar el cuerpo: tomar Colocynthis 5CH, 3 gránulos cada hora hasta que mejore.

Dolores idénticos pero que mejoran al tumbarse hacia atrás: tomar Dioscorea 5CH, 3 gránulos cada hora hasta que mejore.

Quemazón en el estómago y/o dolores de estómago con estreñimiento y mal humor, sobre todo después de una comida demasiado copiosa o especiada; nuez vómica 5CH, mismas dosis.

Vómitos y homeopatía

Vómitos por espasmos o náuseas, los vómitos no alivian y la lengua está limpia, pero cargada: tomar Ipeca 5CH 3 gránulos cada dos horas.

Vómitos por indigestión o exceso alimentario con una lengua cargada y blanca: Antimonium crudum 5CH, misma dosis.

Vómitos o náuseas con reflujo ácido en la boca, mal aliento: ácido sulfúrico 5CH, misma dosis.

Gránulos contra el estreñimiento

Estreñimiento por pereza intestinal con acumulación de materias pero sin llegar a expulsar, heces duras: tomar Alumina 4CH, 3 gránulos por la mañana, mediodía y noche durante algunos días.

Estreñimiento con falsas ganas de excretar, a veces las heces remontan en el recto; tristeza y mal humor: Nuez vómica 5CH, misma dosis.

Estreñimiento sin ganas de excretar con heces en pequeñas porciones, a menudo después de haber abusado de laxantes: Hydrastis 4CH, misma dosis.

Estreñimiento con heces en bolas negras y duras, como si fuesen de conejo. El vientre está duro: Plumbum 4CH, misma dosis.

La homeopatía no solo busca mejorar los síntomas temporalmente, sino que también trata en profundidad los problemas de vientre, otorgándoles una visión global. Los homeópatas hablan de terreno, a veces de diátesis (antigua palabra que designa lo mismo).

Entre los terrenos que predisponen a los problemas de vientre hay tres que tienen especial relevancia. Llevan el nombre de psora, sicosis y luesis.

En la psora, la lógica fundamental de los problemas es la acumulación de toxinas y las crisis de eliminación; en la sicosis, es la lentitud de las energías del vientre, y en la luesis es la inflamación crónica la que lleva a la enfermedad.

Las crisis periódicas de la psora

Si su terreno es el de la psora, los problemas de vientre serán periódicos. Los episodios de diarreas, dolores o dificultades de digestión, quemazón de estómago, etcétera, alternarán con períodos de calma en los que desaparecerán todos los síntomas. El vientre funciona como un acumulador cargado de diferentes tipos de toxinas que aporta la mala alimentación, los radicales libres y las emociones negativas (que son una especie de toxina virtual). Después de cierto tiempo, el vaso se llena y el organismo decide eliminarlo y ahí es cuando se produce la crisis.

Si se enmascaran los síntomas del vientre mediante una medicación clásica será otra parte del cuerpo la que tomará el relevo, ya que el cuerpo seguirá con la necesidad de eliminar las toxinas. Al bloquear la quemazón de estómago mediante antiácidos no sufrirá más de estómago pero puede que se sienta irritado y enfadado con el entorno. Si bloquea una tendencia crónica de diarrea tal vez acaben saliéndole alergias en la piel o síntomas de reuma.

El vientre es un acumulador físico y psíquico que permite mantenerse en buena salud si se vigilan los síntomas. La solución es reflexionar sobre cómo mantener un mejor modo de vida alimenticia y emocional.

Entre los grandes medicamentos homeopáticos que pueden ayudar, siempre con un seguimiento de un especialista, se encuentra el sulfuro (el azufre).

La lentitud y la retención de agua de la sicosis

Si el terreno que falla es la sicosis, el problema es que no se elimina bien, ni en el plano físico ni el en plano psíquico y emocional. La persona se lo guarda todo, incluso si vomita o tiene diarrea. En realidad, las toxinas permanecen en el interior. Puede que tenga tendencia además a la retención de agua y a que le engorde el vientre. Todo funciona con lentitud.

El vientre se ha convertido en una especie de basura de estrés y toxinas, pero ya no cuenta con la reactividad de la psora para crear crisis y eliminarlo todo. Emocionalmente también se lo guarda todo y no tiene la energía para exteriorizar o pasar a otra fase. Tiene colitis crónica y nunca tiene el vientre tranquilo. Los gases se acumulan y se van eliminado.

La solución es aceptar, tomar las riendas tanto en el sentido físico como figurado. El ejercicio físico, una disciplina respiratoria y el abandono de viejos miedos constituyen un programa colosal pero ineludible. En esta aventura, los grandes medicamentos homeopáticos que pueden ayudarle son el ácido nítrico (*Nitricum acidum*) y el tuya ornamental (*Thuya occidentalis*).

Inflamación, hemorragias y úlceras de luesis

Si vuestro terreno es la luesis, los problemas de vientre no serán benignos e irán acumulándose. Las úlceras de estómago, las enfermedades del intestino como la rectocolitis o la enfermedad de Crohn o las fisuras anales pueden ser frecuentes. Se trata del campo que requiere mayores exploraciones y exámenes complementarios y la atención del gastroenterólogo.

El vientre es un lugar de lucha. La cólera del vientre está a la altura del temperamento que combate con emociones que no se han tratado y la venganza se desarrolla en la inflamación de los tejidos del vientre.

Para ayudar no hay nada como una buena higiene de vida en la que quede prohibido todo lo nocivo (tabaco, alcohol y adicciones) y un asentamiento emocional en el que se eliminen antiguos rencores e injusticias, además de ayudarse con grandes medicamentos homeopáticos como el mercurio (*Mercurios solubilis*).

Las plantas aliadas: la fitoterapia

Las plantas son tremendos aliados en todos los problemas que tienen que ver con el vientre, siempre que el origen de los problemas esté vinculado a la mala digestión, a los excesos, a desequilibrios alimenticios o incluso, como suele ocurrir, a un desarreglo del cerebro del vientre que manifiesta su dificultad de gestionar la vida emocional.

Las plantas son fiables y eficaces y no entrañan ningún efecto secundario siempre y cuando sean utilizadas con sabiduría. Recurrir a un fitoterapeuta es garantía de un tratamiento sin riesgo, si bien la automedicación dentro de los límites de las plantas más conocidas también es posible. Recurrir a plantas que se venden en farmacias oficiales es indispensable. Se desaconseja firmemente recurrir a plantas que se venden en cápsulas por Internet, ya que no suelen pasar los controles necesarios que realizan los

laboratorios. En cualquier caso, hay que dejarse aconsejar por un farmacéutico que tenga conocimiento y quiera informarle. Será su mejor guía.

La fitoterapia moderna utiliza las plantas en forma de polvo micronizado o extractos que se venden en cápsulas. Está claro que la forma más sencilla de ingerir plantas sigue siendo consumiéndolas en su estado natural como la menta o el romero. Otras pueden tomarse en tisanas, como la salvia, la verbena o la menta. Sin embargo, la fitoterapia más eficaz que concentra mejor las dosis adaptadas sigue siendo la cápsula de polvo micronizado o de extracto.

Las plantas antiespasmódicas

El aparato digestivo no tolera bien los espasmos. Para funcionar con corrección las contracciones del intestino deben ser armoniosas y deben propagarse a lo largo (peristaltismo) para hacer progresar los alimentos. Los espasmos impiden este fenómeno y desencadenan dolor, mala digestión, gases y desarreglos en el vientre. Las plantas que calman los espasmos son la lavanda, la melisa, el marrubio negro, la angélica, el hinojo, la menta, el romero, la salvia, el tomillo o el árbol de tilo.

Las plantas que favorecen el hígado y la vesícula biliar

El hígado es una fábrica química sin comparación. Una de sus múltiples funciones es la de fabricar bilis, la cual será acumulada para después ser eliminada por la vesícula biliar para digerir los alimentos. La bilis es rica en enzimas poderosas y constituye, junto con el jugo pancreático, la clave de la digestión. Las plantas que estimulan el hígado y la vesícula biliar son la angélica, el romero, la salvia, la alcachofa, el rábano negro, el árbol de tilo y la fumaria.

La planta para engordar

El fenugreco, muy conocido y cultivado en China, en la India y en el Mediterráneo, es una planta de la cual se utilizan los granos por sus propiedades sobre el páncreas y sobre el apetito. El fenugreco abre el apetito y hace engordar, por lo que es una planta idónea para personas muy delgadas y para los culturistas. Ahora bien, estimula el páncreas y armoniza la secreción de insulina en la sangre, razones por las cuales es también ideal para los diabéticos, como complemento a su tratamiento.

Las plantas del cerebro del vientre

Si el vientre es la cuna de toda la vida emocional no resulta sorprendente que haya plantas que actúen en este segundo cerebro y puedan aportarle tanto al vientre como al

alma la paz que necesitan. Entre estas plantas está la ballota, la melisa, la pasionaria y la lavanda.

Las plantas antigases

Las fermentaciones intestinales son el origen de incomodidades, dolores y problemas digestivos. Los gases, un síntoma banal, pueden ser la consecuencia de espasmos, de nervios del cerebro abdominal o incluso de desequilibrios de la flora. Las plantas que luchan mejor contra los gases son entre otras, la angélica, el hinojo, la melisa, la menta, el romero, el árbol de tilo, la salvia y el comino.

Estimular las digestiones lentas

La digestión es la fuente de energía pero ella también necesita un impulso para ponerse en marcha. A veces hay personas que tienen la sensación de ser incapaces de digerir cualquier tipo de alimentos. Horas más tarde los alimentos parecen estar intactos en el estómago, el vientre está hinchado y es incapaz de disolver lo que ha ingerido. Las plantas que estimulan la digestión y aportan la energía necesaria a las glándulas digestivas y al intestino son esencialmente el hinojo, la menta, la salvia y el comino.

La flora intestinal

Hemos insistido en la necesidad de poseer una flora intestinal rica que permita ayudar a la digestión y evite la proliferación de gérmenes indeseables. Determinado número de plantas tienen propiedades antisépticas que ayudan a eliminar estos gérmenes nefastos para que la flora pueda desarrollarse de nuevo. En concreto, se trata de la menta, el romero, la salvia, el tomillo, el comino, el rábano negro y la lavanda.

Pequeño recopilatorio de fitoterapia

(curas de 20 días por mes)

Las plantas aliadas del estómago. Lentitud digestiva con aerofagia: tomar tres veces al día entre una y dos cápsulas de angélica y una cápsula por la mañana y por la noche de menta.

Calambres y quemazón de estómago y síntomas de reflujo: tomar tres veces al día una cápsula de hinojo, una de menta y una de melisa.

Las plantas para los hígados perezosos. Convalecientes de hepatitis o hígados crónicamente sensibles: tomar por la mañana y por la noche una cápsula de romero, una de árbol de tilo y una de rábano negro.

Dos o tres veces por año conviene seguir una cura de la planta más beneficiosa para regenerar los hígados fatigados: el Chardon de Marie; dos cápsulas por la mañana y por la noche durante 20 días.

Las plantas de la vesícula con problemas. Consumir de forma regular menta fresca y sazonar preferentemente las ensaladas con limón; tomar por la mañana, el mediodía y la noche una cápsula de alcachofa, una cápsula de fumaria y una de Chardon de Marie.

Las plantas del intestino. El estreñimiento crónico es un problema difícil que debe tratar un experimentado fitoterapeuta. Se puede intentar con curas de una cápsula por la mañana, el mediodía y la noche de alcachofa, ispágula e hinojo.

La colitis y los espasmos se reducen con el hinojo, el romero y el comino; tomar una cápsula por la mañana, el mediodía y la noche.

Las infecciones repetidas del intestino con diarrea y gases fétidos necesitan un tratamiento apropiado. Pueden mejorarse notablemente con salvia de tomillo y romero; tomar una célula cada mañana, mediodía y noche durante 5-8 días durante los períodos difíciles.

El cerebro del vientre. El mal funcionamiento digestivo crónico, las colitis relacionadas con el estrés y el estreñimiento que proviene de la tensión psicológica requieren un tratamiento del segundo cerebro. Pruebe con curas de lavanda, melisa y pasionaria tomando una cápsula cada mañana, mediodía y noche, y consuma menta y comino copiosamente fuera de las comidas.

Los aceites esenciales para el vientre

«Aromaterapia» es el nombre que se le da a la utilización de aceites esenciales de plantas con el objetivo de curar. Los aceites esenciales se obtienen al destilar las plantas con el fin de recoger la parte más volátil, la más aromática de todos sus constituyentes. Se utiliza una parte muy baja que no sobrepasa el 20 % y que puede descender hasta el 2 % en el caso de la rosa.

En determinadas plantas, como los cítricos, el aceite esencial no necesita destilación, ya que al estar dentro de una cáscara se obtiene con la simple presión.

El aceite esencial lleva este nombre porque es a la vez un aceite y una esencia. Por lo tanto es soluble en agua y en aceite, lo que le confiere la capacidad de traspasar con mucha facilidad todas las

El comino produce un aceite esencial que es una verdadera panacea para el vientre. Planta anisada muy utilizada en la pastelería (oriental) y como acompañamiento de los quesos (Munster, comino), calma las náuseas, la aerofagia, las flatulencias y también es un eficiente antiespasmódico para tratar las colitis. Estimula el apetito en los convalecientes y las personas deprimidas, además de calmar los nervios y facilitar el sueño durante cólicos nerviosos.

membranas biológicas. Los aceites esenciales (HE) se absorben de forma muy activa, haciéndose muy eficaces. No obstante, esta eficacia también conlleva peligros. Verdadera quintaesencia de la planta, conviene tener mucha cautela con las dosis. En el caso de los niños y las mujeres embarazadas lo más prudente es no utilizarlos salvo que sea aconsejado por un aromaterapeuta.

Para tratar los problemas de vientre y digestión, se utilizarán en forma de masaje en el estómago y en el vientre, y también utilizándolos a nivel interno absorbiéndolos sobre un soporte sólido (un poco de azúcar, de miel o miga de pan), ya que no son solubles en agua.

En masajes, se diluirán en un poco de aceite virgen de aguacate o de oliva.

La menta, el basilisco, el cilantro y la alcaravea, al igual que el jengibre, son muy beneficiosos para la digestión ya que están asociados a los alimentos. Por lo tanto, nunca hay que privarse de estas deliciosas plantas aromáticas. Sus aceites esenciales permiten regular problemas gástricos o intestinales.

Una gota de aceite esencial de menta durante una comida al mediodía, activa una digestión fastidiosa y motiva todo el metabolismo del vientre.

El aceite esencial de basilisco, en una dosis de una gota por día durante las comidas, regula tanto los estreñimientos como las diarreas y lucha contra los espasmos de colon irritable.

El aceite esencial de jengibre actúa sobre el estómago al calmar las náuseas y vómitos y es también un buen tónico general e intestinal; se utiliza cuando hay estreñimiento para reactivar un intestino adormecido. Una gota por día durante una comida o dos gotas diluidas en masaje sobre la región del bajo vientre todas las noches.

El aceite esencial de cilantro es un tesoro contra la aerofagia y los gases intestinales. Se puede seguir una cura de 15 días tres o cuatro veces al año de una gota al día durante una comida.

El limón, poderoso desintoxicante

El aceite esencial de limón es un antiséptico atmosférico muy agradable y eficaz que puede utilizarse con difusores. Sobresale por ser un aliado de la digestión, sobre todo en los terrenos un poco atascados debido a abusos, a medicamentos o como consecuencia de enfermedades tales como la hepatitis. Las náuseas, los mareos por transporte y la digestión larga y pesada pueden beneficiarse de sus virtudes. El aceite esencial es muy útil cuando el páncreas está ralentizado (por intolerancia a los azúcares, mala digestión de las grasas) o el hígado fatigado (mala digestión con fatiga y mal aliento). Se utilizará en forma de masaje, diluyéndolo en una dosis de 2-3 gotas por día en curas de 20 días. No se utilizará en período de exposición al sol ya que provoca fotosensibilidad.

Colon irritable y espasmos, cuando el intestino hace nudos

El síndrome del colon irritable afecta hasta el 20% de la población en los países industrializados, con especial incidencia en las mujeres. Está presente desde la edad escolar; una buena parte de los dolores de vientre en los niños están vinculados a esta afección dentro de la cual el estrés es un elemento clave.

El colon irritable no es una verdadera enfermedad sino un desarreglo del funcionamiento normal del colon.

El peristaltismo (propiedad de contraerse poco a poco, como una ola que hace progresar el contenido del intestino) sufre un desarreglo. En lugar de provocar suaves ondas de contracciones se producen espasmos dolorosos que impiden que la digestión se haga correctamente y favorecen la mala absorción de los gases. En efecto, la mayoría de los gases que produce la digestión por la fermentación de los alimentos se elimina por vía pulmonar. Los gases pasan a la sangre en forma disuelta (como cualquier gas carbónico del cuerpo) y se evacuan con cada una de nuestras expiraciones. Los espasmos son a veces poco intensos y no muy dolorosos pero suficientes como para impedir el sueño de buena calidad. La persona no siempre tiene la sensación de dolor de barriga pero tiene un sueño poco reparador. La diarrea o el estreñimiento, a veces en alternancia, forman parte de los síntomas corrientes de este desarreglo al igual que las flatulencias. En ocasiones hay una falsa necesidad de ir al baño o una evacuación incompleta provocando una incomodidad que se refleja en el humor.

A menudo las heces están recubiertas por una mucosidad que muestra de forma clara que la mucosa del intestino está crónicamente inflamada.

El colon irritable no tiene una causa identificada por la medicina

No obstante, hay una predisposición familiar, una predominancia femenina y sobre todo un terreno estresado desde la infancia. El deseo de hacer bien las cosas, la dependencia de otras personas, la dificultad de actuar sin temor al juicio de los demás son características que suelen encontrarse. A veces también un gran trauma de la infancia, ya sea sexual o una injusticia profunda, puede ser el desencadenante.

En ciertos casos el gluten y la lactosa son los grandes culpables de un colon irritable. Conviene indicar que, si bien un régimen exento de estos elementos no va bien a todo el mundo, hay muchos ejemplos de personas que han visto desaparecer todos los síntomas al dejar de tomar alimentos que contenían gluten y lactosa.

Gases de izquierda o derecha

La naturaleza de las flatulencias puede marcar la parte del colon que está sufriendo más. Si los gases son ruidosos, de fuerte volumen, y poco olorosos, se trata de gas de fermentación (sobre todo gas carbónico). El origen de los problemas se sitúa entonces en la parte derecha del colon. Si, por el contrario, se evacuan sin ruido, son de poco volumen, pero tienen un perfume letal, se trata de gas de putrefacción (metano e hidrógeno sulfuroso), teniendo su origen en la parte izquierda y terminal del intestino.

Prebióticos y probióticos

El tratamiento del colon irritable es múltiple. Plantas, homeopatía, relajación, masajes y dietética sana suponen una gran ayuda. Sin embargo, los prebióticos (fibras alimenticias de las que se alimenta la flora intestinal) y los probióticos (bacterias útiles que constituyen la flora intestinal) han demostrado su gran acción regular contra los síntomas del colon irritable. Los regímenes que excluyen la fruta y verdura cruda solo tienen una breve eficacia y pueden ser perjudiciales, ya que privan al organismo de vitaminas y antioxidantes. Disminuir la grasa, el alcohol excesivo y los alimentos industriales es, por el contrario, indispensable.

Estreñimiento: ¡Cuando retenemos demasiado!

Estar estreñido no significa tener heces duras y difíciles de expulsar. Es posible ser poco frecuente, estar estreñido y tener heces blandas. La definición de estreñimiento es sencilla: si deposita las heces tres veces a la semana o menos está estreñido. A veces esta definición resulta difícil de aplicar: si va al lavabo cada día pero solo evacua una pequeña parte y le queda una sensación desagradable de plenitud en el vientre, también podrá decirse que sufre estreñimiento.

En realidad, hay dos categorías de estreñimiento y distinguirlas es esencial ya que las causas son diferentes y los medios de remediarlas también. El estreñimiento por una lentitud de progresión y las dificultades para defecar.

En el caso de la lentitud de progresión, la mala higiene de vida y la mala dietética, incluso el abuso de laxantes, pueden ser las causas. En el segundo caso (que se denomina disquesia rectal, ya que es la motricidad del recto la que falla) la falta de ejercicio físico, el bloqueo nervioso y el hecho de aguantarse crónicamente, así como las malas posturas, son las causas.

La situación de estar estreñido puede parecer un síntoma bastante banal, pero sin embargo, es un problema que se tolera difícilmente. Todos los estreñidos manifiestan

Plantas que no son tan amigas

La planta del Sen, el arraclán y la malva son plantas con una acción muy laxante, pero con las que hay que tener mucho cuidado. Su uso más allá de varios días equivale a un laxante químico con los mismos inconvenientes. Es preferible la ispágula, que no es tóxica y actúa como un mucílago.

con unanimidad que afecta negativamente a su vida. La banalidad del síntoma hace que el cuerpo médico no les tome en serio. Una vez se hacen una serie de pruebas (ecografías, análisis de sangre, colonoscopia) y se comprueba que los resultados son normales, el estreñido queda un poco abandonado con sus desagradables síntomas. Esto hace que las personas se encuentren tan desesperadas que prueben cualquier cosa que se anuncie por Internet o por cualquier otro medio. La incomodidad del vientre provocada por el estreñimiento conlleva una incomodidad de todo el segundo cerebro y de toda la vida emocional. Debemos recordar que «¿Cómo le va?» se refería en su origen a «¿Ha evacuado correctamente?».

No hay nada sorprendente en que disciplinas como el yoga y la meditación recomienden purgaciones o lavados para poder meditar adecuadamente. ¡Para llenar la cabeza hay que tener el vientre vacío!

Abuso de laxantes

Los medicamentos no tóxicos contra el estreñimiento son fibras alimenticias en comprimidos o en polvo, azúcares no absorbidos como la lactulosa, mucílagos, aceites de parafina y polietileno glicólico (PEG), altamente polimerizado.

Su acción tiene límites. Existe una gran tentación de recurrir a laxantes químicos más drásticos, pero su uso repetido arremete la mucosa del colon. El colon se va alisando como una tela encerada de color negro (melanosis cólica) en vez de estar revestido de un lecho de células recubiertas de mucosa protectora. Es la «enfermedad de los laxantes», que afecta a millones de personas estreñidas y que puede llevar a consumir más y más laxantes agresivos.

Sencillas reglas para un vientre liberado

- Beber suficiente durante las comidas y entre ellas.
- Seguir un buen régimen rico en cereales integrales, verdura y fruta.
- Realizar ejercicio físico de forma habitual y hacer abdominales.
- Tener una hora regular para ir al lavabo, incluso si no tiene ganas.
- Utilizar un tratamiento no agresivo, fitoterapia, homeoterapia o supositorios de glicerina cuando el recto esté perezoso.
- Practicar dos minutos por día de respiración abdominal (ver capítulos «Ejercicio»).

Diarreas: agotamiento por el vacío

Todo el mundo piensa que la diarrea está asociada a heces líquidas o muy blandas, pero su definición se basa en la frecuencia. A partir de 300 g por día o más de tres deposiciones por día hay que hablar de diarrea. Está claro que nadie se pone a pesar sus heces, pero sí que hay que observar la consistencia, la existencia de fiebre, de dolores, gases o de sangre para preocuparse o no.

La mayoría de las diarreas son de corta duración y están vinculadas a infecciones (virales la mayoría de las veces), como las famosas gastro-

Diarrea y fobia escolar

La diarrea es uno de los síntomas de angustia que se manifiesta en el cuerpo, sobre todo en el intestino. En los adolescentes, esta ansiedad que sufre el intestino puede ser la fuente de repetidas defecaciones. Muchas veces se considera a este tipo de adolescente perezoso mientras que de lo que en realidad sufre es de ansiedad por hacer las cosas bien y de miedo a que la diarrea le sorprenda. También se puede observar esta tendencia, aunque es menos frecuente, en los adultos que trabajan en empresas donde los lavabos son difícilmente accesibles.

enteritis. No obstante, a veces también se trata de infecciones microbianas por alimentos que poseen bacterias o condiciones sanitarias concretas (la famosa diarrea que sufren los turistas en países tropicales, por ejemplo).

Si se alarga más de diez días entonces hay que hablar de diarrea crónica cuyas causas pueden ser muy variadas (como infecciosas), pero también vinculadas a la ansiedad, a enfermedades específicas del intestino, a un disfuncionamiento de las tiroides.

La diarrea supone un problema crucial en los bebés por riesgo a deshidratación y nunca debe pasarse por alto lo que a simple vista puede ser una sencilla gastroenteritis.

Entre las causas más frecuentes en nuestro país, la ansiedad y el colon irritable ocupan las primeras posiciones. Su diagnóstico se hace por eliminación de los orígenes más graves mediante exámenes apropiados que realiza el médico o el gastroenterólogo. Las intolerancias a la lactosa y al gluten son controvertidas y actualmente han originado un gran debate. Hay quien afirma que un régimen sin gluten y sin lactosa sería muy benéfico para el conjunto de la población.

Las enfermedades como la rectocolitis hemorrágica, la enfermedad de Crohn y la enfermedad celíaca necesitan un diagnóstico preciso y un tratamiento específico.

Bebidas con cola, intoxicación

La moda de dar bebidas de cola a los niños, incluso si tienen diarrea, es una intoxicación. Es cierto que aporta agua de forma agradable y se sabe que cuando se sufre una gastroenteritis el agua pura no se soporta bien y a veces incluso hace vomitar a la persona. Ahora bien, estas bebidas contienen demasiado azúcar y nada de sal. Por lo tanto no rehidratan y no tienen gran interés. Es mucho mejor tomar un zumo de fruta sin pulpa o un caldo de verdura con sal, como el que preparaban nuestras abuelas. Una excepción: si sufre diarreas en un país extranjero donde el agua le parece dudosa, las bebidas de cola tienen la ventaja de ser esterilizadas y de estar envasadas.

Cáncer colorrectal: 100% evitable

Todo el mundo teme al cáncer y le gustaría poder prevenirlo. Entre todos los tipos de cáncer, el de colon y recto tiene la increíble ventaja de poder identificarse incluso antes de llegar a ser un cáncer. Hacerse una radiografía de los pulmones cada mes es peligroso y no protege del cáncer, hacerse una mamografía con demasiada frecuencia es peligroso y no protege del cáncer. Sin embargo, el examen de recto y de colon gracias a la famosa colonoscopia permite ver los pólipos y retirarlos antes de que se transformen en cáncer al cabo de unos años.

Sin duda, la detección de estos pólipos es indispensable ya que así se podría evitar la mayoría de este tipo de cáncer si la población se hiciese las pruebas detectoras.

La colonoscopia en práctica

Hay que observar durante los tres días siguientes a un régimen pobre en residuos (sin fruta, sin verdura, sin alimentos fritos) a base de pasta, arroz, huevos pasados por agua o duros. En la víspera se debe beber una preparación purgativa para que el colon esté limpio y el gastroenterólogo le examine adecuadamente. La colonoscopia se practica con anestesia general corta que suele soportarse bien. Consiste en introducir por el ano una fibroscopia que permite ver el conjunto del colon y poder quitar directamente los pólipos, si existen, con unas pinzas que hay en su interior. Al eliminar los pólipos la persona no siente nada y no tiene ningún tipo de dolor.

Las enfermedades genéticas, afortunadamente muy raras, se escapan a estas reglas optimistas y pueden desencadenar tipos de cáncer muy precoces. Quienes pertenecen a estas familias en general están al corriente y suelen seguir exámenes minuciosos.

Los hombres estadísticamente están más afectados que las mujeres en parte por una predisposición genética, pero en parte también porque se encuentran más expuestos a factores de riesgo como el tabaco, el alcohol y el consumo de carne roja.

Si la cantidad de carne es la causa, la carne roja en particular es mucho más peligrosa para este tipo de cáncer. Quienes desean protegerse verdaderamente pueden eliminar de su alimentación este tipo de carne y sustituirla por pescado y carne blanca. Contrariamente a lo que se cree, la carne roja no es necesaria para estar sano: se puede vivir sin consumirla nunca. El hierro lo aporta otro tipo de carne, los huevos y cereales.

Cáncer de colon: factores de riesgo que conviene evitar

- La falta crónica de hierro.
- La falta crónica de luz (es un tipo de cáncer más frecuente en los países menos soleados).
- El tabaco.
- El alcohol abundante.
- El azúcar y los alimentos industriales ricos en azúcar oculto.
- El consumo inmoderado de carne, sobre todo la roja.
- El hecho de cocinar en exceso los alimentos, especialmente la carne.

Las recomendaciones de detección

Todas las personas de más de 50 años y menos de 74, deben hacerse una exploración de sangre en las heces durante tres días. Se puede solicitar esta prueba al médico. Si la prueba es negativa significa que todo va bien. Hay que repetir la prueba cada dos años. Si la prueba da positiva, significa que hay que hacer una colonoscopia.

Si hay síntomas como hinchazón, diarreas y dolores lo más apropiado es consultar con el médico, quien juzgará si es necesario hacer una colonoscopia.

Si se tienen antecedentes familiares de cáncer de colon o de recto, la colonoscopia se impone ya desde los 45 años, 5 años antes de lo recomendado.

Diverticulitis: los microbios se enfadan

La diverticulitis cólica es el nombre que se le da a esta enfermedad que ha aparecido en el siglo xx y que se traduce en la formación de pequeñas hernias en la pared del colon.

Un divertículo no tiene nada que ver con un pólipo, ya que no puede volverse cancerígeno. El pólipo es un repliegue del interior del colon mientras que el divertículo es una pequeña hernia que sale en el exterior del colon. El único inconveniente de estos divertículos es que constituyen pequeños nichos en los que se acumulan las heces o los microbios pueden propagarse hasta acabar provocando infecciones o inflamaciones. En ese caso la persona puede sufrir dolores, gases y síntomas de colitis. La formación de estos divertículos es debida a un aumento de la presión en el colon, los cuales causan, en las zonas más débiles donde los vasos sanguíneos sobresalen del intestino, salientes y hernias.

El colon sigmoideo es el más afectado. Se trata de la parte terminal, del lado izquierdo del colon, que se denomina así porque describe una «s» antes de prolongarse por el recto. El número de personas afectadas es prácticamente del 40% a los 60 años. Es lógico, ya que la acumulación de errores dietéticos a lo largo del tiempo los favorece y se cree que hacen falta al menos 20 años de errores para que aparezcan.

A veces se forman diferentes tipos de aglomeraciones de heces deshidratadas que se llaman estercolitos. Estas pequeñas masas pueden ser una fuente de dolores e infecciones, pero raramente provocan accidentes graves. Los divertículos no suelen desencadenar síntomas. Se suelen detectar tras la aparición de estreñimiento o de una diarrea con dolores en el lado izquierdo del vientre. Se diagnostican gracias a una colonoscopia o un escáner. La lavativa de bario, menos utilizada desde la generalización de la colonoscopia, también permite visualizarlos.

El tratamiento de los divertículos consiste en modificar la alimentación y aumentar las fibras alimentarias de la fruta, las verduras y los cereales integrales. Sin embargo, esto solo suavizará los síntomas sin hacer desaparecer los divertículos. El tratamiento quirúrgico es excepcional y queda reservado para infecciones graves. Consiste en eliminar el trozo de intestino afectado. Hay que decir que es una intervención quirúrgica pesada y poco practicada.

Una enfermedad del siglo xx

Los divertículos parecen ser el fruto de modificaciones de la alimentación humana que se originaron en la era industrial. El pan y los cereales refinados (que han disminuido la ración de fibra), el aumento de la carne en detrimento de las verduras y el consumo de azúcar refinado son probablemente la causa de los divertículos. Su formación está en efecto favorecida por la hinchazón crónica del intestino debido al efecto de los gases de fermentación que engendran los desarreglos alimenticios.

Además, los divertículos aparecen sobre todo en los países industrializados donde la alimentación es rica y desequilibrada.

Los aceites esenciales para evitar los antibióticos

Los divertículos pueden infectarse y provocar diverticulitis aguda que también puede denominarse sigmoiditis, ya que el colon sigmoideo es el más afectado.

Los accesos de infección debido a los divertículos requieren antibióticos que son muy eficaces para calmar dolores y diarreas. Sin embargo, la ingestión regular de una mezcla de aceites esenciales bajo el control de un aromaterapeuta puede evitar, actuando con prevención en la acumulación de microbios en el fondo de los divertículos, tener que recurrir a los antibióticos.

Las grandes enfermedades del vientre: Crohn, Rch, enfermedad celíaca

La mayoría de las veces, el disfuncionamiento del intestino está vinculado a un nerviosismo excesivo y al estrés; hay síntomas molestos pero sin gravedad. Ahora bien, hay determinadas enfermedades mucho más graves que necesitan un tratamiento fuerte. La rectocolitis hemorrágica, la enfermedad de Crohn y la enfermedad celíaca forman parte de estas enfermedades especialmente graves.

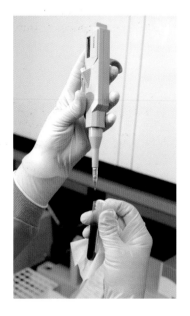

La rectocolitis hemorrágica (RCH) es una enfermedad inflamatoria del intestino de causa desconocida. Afecta sobre todo al recto pero también al resto del colon. Por el contrario nunca afecta al intestino delgado. Los síntomas son diarrea, a menudo con sangre o mucosidades entre las heces, y dolores abdominales. Se produce fatiga y alteración del estado general. La evolución de la enfermedad se hace por fases, entrecortadas por períodos donde todo va mejor.

El tratamiento de la RCH se basa en salazopirina y en una dieta pobre en residuos, es decir, sin fibra. A veces hay que recurrir a la cortisona en los brotes más feroces.

En el peor de los casos, muy excepcionales, se requiere de cirugía para retirar la parte del colon más afectada.

La enfermedad de Crohn es bastante similar a la RCH. A veces los médicos no pueden establecer la diferencia entre las dos, incluso después de la intervención y el análisis de la parte de colon retirada. El tratamiento también es parecido. Lo que la diferencia es que no afecta al recto, sino a otras regiones del intestino. El daño en la pared del colon es más profundo al examinarlo con microscopio.

La enfermedad celíaca afecta más a menudo a las mujeres que a los hombres y puede aparecer a cualquier edad. Se manifiesta mediante diarreas crónicas, dolores y, a medida que va evolucionando, síntomas de malnutrición, como si la persona afectada estuviese mal alimentada. La causa es una alergia al gluten que crea en la mucosa del intestino una reacción tan fuerte que acaba por destruir las preciadas callosidades del intestino que permiten absorber los alimentos. El gluten es una proteína que está presente en numerosos cereales (trigo, cebada y centeno).

Un análisis sanguíneo permite sospechar la enfermedad. Consiste en dosificar determinados anticuerpos (antiendomisio, antitgranflutaminasa). El diagnóstico está sostenido por la eficacia de un régimen sin gluten que provoca una mejoría espectacular siempre y cuando se suprima este totalmente.

Sin embargo, la certeza total solo la da una biopsia (tomando un pequeño fragmento del intestino) analizada con un microscopio.

Hay que señalar que la enfermedad celíaca es más frecuente en casos de diabetes insulinodependiente (tipo I), de lupus, de poliartritis reumatoide o de tiroiditis de Hashimoto.

No confundir enfermedad celíaca e intolerancia al gluten

Un gran número de personas constata en la actualidad que su estado de salud mejora enormemente al excluir el gluten de su alimentación. Eso no significa obligatoriamente que padezcan una enfermedad celíaca, sino que el gluten se ha convertido, debido a la agricultura intensiva de cereales, en una proteína cada vez más agresiva demasiado presente en la alimentación. Si constata que siente beneficios al disminuir el consumo de gluten, sin duda tendrá una cierta intolerancia al gluten, pero, como en todo, no hay que ser excesivos. Disminuir el gluten no significa suprimirlo totalmente (salvo que se tenga una enfermedad celíaca diagnosticada).

Intestino y problemas metabólicos

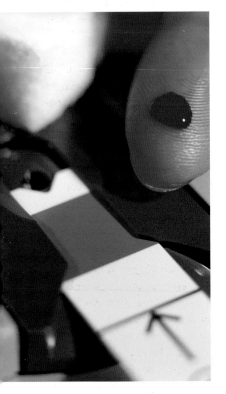

Diabetes e intestino

La diabetes es una enfermedad grave que requiere un tratamiento serio. Se define como una elevación de la tasa de azúcar en la sangre, la glicemia. En los diabéticos, la glicemia es elevada, por encima de 1 g por litro de sangre.

El 20% de la población sufre diabetes. Se trata de una diabetes grasa, de tipo II y muchas de las personas que la sufren padecen también un exceso de peso. Suelen haber sobrepasado la cincuentena y su sangre contiene demasiado azúcar y colesterol. La diabetes II puede tener graves consecuencias a nivel vascular ya que el azúcar debilita las paredes arteriales y capilares. Esta diabetes está relacionada con fallos del páncreas. La glándula secreta una hormona, la insulina, que regula el metabolismo del azúcar en el organismo y mantiene constante la glicemia. Un páncreas que ha agotado las reservas de insulina engendra diabetes.

Sin embargo, el intestino también desempeña un papel importante en el mantenimiento del equilibrio del azúcar. La mucosa intestinal secreta en efecto hormonas, las incretinas, que estimulan la secreción de insulina. A la hora de comer, las incretinas se fabrican en gran cantidad y contribuyen a mantener constante la tasa de azúcar sanguínea. Inducen entre un 50 y un 70% de la respuesta a una dosis oral de glucosa (azúcar).

Existen dos hormonas incretinas: la GLP 1 producida a nivel renal y cólico, y la GIP, a nivel duodenal.

En los diabéticos de tipo II las incretinas se segregan en menor cantidad, un 20-25% menos.

En la actualidad se utilizan diferentes medicamentos para activar la secreción de incretina. La sitagliptina, por ejemplo, inhibe la acción de una enzima, la DPP4, que destruye incretinas, por lo que favorece la actividad de estas hormonas. Hoy en día se asocia a medicaciones clásicas de la diabetes tipo II, como la Metformina entre otras.

Colesterol e intestino

Un reciente descubrimiento subraya la importancia del intestino para combatir el exceso de colesterol. Investigadores franceses del INRA han identificado una bacteria en el intestino grueso capaz de regular la tasa de colesterol sanguíneo, haciéndola bajar si es muy elevado.

Ya se sabía que el papel de la flora intestinal era importante, pero se ignoraba que determinados gérmenes eran los responsables de esta acción benéfica. El germen en concreto, el *Bacteroides doreis*, ha sido identificado como beneficioso. Presente en el colon, transforma el colesterol en un derivado del coprostanol que se elimina con las heces.

Gracias al *Bacteroides doreis*, y a una cierta concentración, el colesterol aportado por la alimentación queda totalmente eliminado del organismo en forma de coprostanol.

En Estados Unidos los investigadores han hecho que conejos ingieran este tipo de bacteria. De media han registrado una bajada en un 20% en la tasa de colesterol sanguíneo. Esta cifra del 20% de colesterol eliminado por el intestino es importante. Representa en concreto la cantidad de colesterol aportada por los alimentos.

Incluso cuando hay regímenes estrictos que eliminen todo aporte lipídico, no se puede esperar bajar el colesterol en un 20%, lo que representa el aporte alimentario. El 80% del colesterol lo elabora el organismo y será utilizado para llevar a cabo diferentes síntesis: hormonas surrenales y sexuales. El colesterol no es, por consiguiente, tan peligroso en sí mismo como lo es por su exceso, lo que induce a la formación de placa dura que infiltra las paredes de los tejidos. Se trata de aterosclerosis, desembocando en arteriosclerosis.

Vientre y temperamento

El gran maestro de la medicina, Hipócrates, ya describió los grandes temperamentos de cada ser humano, divididos en cuatro. Esta antigua clasificación sigue siendo válida hoy en día, a través del progreso de la ciencia y la biología. Los temperamentos nervioso, linfático, sanguíneo y biliar son bastante fáciles de reconocer: un simple apretón de mano basta para reconocerlos.

Inténtelo al darle la mano a un amigo o miembro de la familia. ¿La mano está seca o húmeda? ¿Fría o caliente? Estas sencillas respuestas permiten clasificar la mano caliente y húmeda del sanguíneo, la caliente y seca del bilioso, la fría y húmeda del linfático o incluso la fría y seca del nervioso.

El temperamento queda determinado desde el nacimiento. La mayoría de las veces es hereditario y predispone más o menos a determinadas enfermedades o perturbaciones.

El vientre del temperamento **sanguíneo** está dominado por el lado circulatorio, por arterias y venas. La persona suele tener hemorroides, estreñimiento y a menudo tendencia a varices en las piernas. El órgano que domina es el intestino delgado, que absorbe un alimento a menudo excesivo. El vientre es pronunciado, siendo el perímetro abdominal superior a lo ideal. Ahora bien, la musculatura no es débil por lo que el temperamento sanguíneo posee abdominales, que quedan ocultos por el tejido graso. Lo que domina en el temperamento sanguíneo es la asimilación, de todo.

El régimen alimentario ideal sería abandonar los productos cárnicos y los excitantes como el café y el alcohol, aunque seguramente es lo que más le guste.

Los sanguíneos pueden recurrir al alpino blanco, al ajo en pequeñas cantidades, a la reina de los prados, al olivo y al romero.

El vientre del **linfático** está dominado por agua en exceso. Puede estar estreñido, pero su problema más corriente será la alternancia de diarreas y estreñimiento. La piel está húmeda, el vientre normal o hinchado y frío. Los órganos dominantes son los linfáticos, pero también el hígado y los riñones. En su metabolismo, hay dificultad para eliminar lo que domina y también lentitud de reacciones.

Los músculos están blandos, el vientre tiene tendencia a doblarse ante el efecto de pesantez. El régimen ideal para este temperamento debe evitar los lácteos, ya que agravan la retención de agua y toxinas, pero también deberá apartarse de regímenes demasiado vegetarianos a base de hortalizas y ensalada en detrimento de las proteínas. Los huevos son un alimento ideal que contiene proteínas fácilmente asimilables y que estimula el metabolismo. Las plantas que le convienen son la dulcamara, el nogal y té de Java.

El vientre del **biliar** está caliente y tenso. El estreñimiento y los gases dominan el cuadro. Es un colítico que sufre espasmos a la menor contrariedad. Digiere mal la grasa y los alimentos demasiado ricos en general. Las especias, pese a tener propiedades antioxidantes, no deben consumirse en exceso ya que se toleran mal. Los órganos dominantes son la vesícula biliar, el páncreas y el colon. La fermentación y los desequilibrios de la flora intestinal es lo que domina el funcionamiento. Los biliares deben consumir alimentos crudos y frescos y poca materia grasa animal. Las plantas que son benéficas son la celidonia, el boldo, la angélica y el Chardon de Marie.

El vientre del temperamento **nervioso** está tenso y muchas veces es delgado. La piel está fría y seca. El plexo solar está tenso, el vientre contraído a pesar de tener una musculatura fina y poco desarrollada. Los órganos que dominan son el estómago y los nervios del abdomen. El funcionamiento tiene dificultades para la eliminación pero también tendencia a arder por dentro. En ocasiones tolera mal los alimentos calientes y prefiere los fríos y crudos. Las plantas que más convienen a los nerviosos son la valeriana y la pasionaria.

Las diez claves de la forma según el vientre

¡Mastica! Poco a poco y come fuera de toda circunstancia de estrés, de precipitación o de presión. Disfruta escuchando música, charlando en familia o saboreando el silencio en vez de mirar las noticias de la televisión. No olvides que cuando nos anuncian catástrofes a través de imágenes toda esa negatividad impide que saboreemos la comida.

¡Come! Alimentos de buena calidad, frescos y cocinados en casa. Evita los alimentos preparados industrialmente o la utilización sistemática del microondas. Decántate por verdura y fruta. Consume leche de forma moderada, prefiriendo las de origen de cabra u oveja. Consume alcohol con moderación, eligiendo un buen vino tinto (un vaso en el caso de las mujeres y dos en el de los hombres).

¡Muévete! Preocúpate por mantener una actividad física regular y duradera. Correr, ir en bicicleta o caminar son ejercicios muy valiosos que masajean el abdomen y facilitan un tránsito de calidad.

¡Respira! Cada día intenta caminar y disfrutar del aire libre, del contacto con la naturaleza y céntrate en las respiraciones. La respiración abdominal, la que confiere un vientre firme y sano, se producirá automáticamente si la practicas de forma regular todos los días.

¡Libera los intestinos! Evita el estreñimiento y no aguantes nunca las ganas de ir al lavabo por falta de tiempo. Aprende a hacer caso de la voz de la naturaleza. Habitúate a ir al lavabo en el trabajo, de viaje, en el tren, en todas partes.

¡Bebe! Hidrátate bien. A la pregunta: «¿Entre comidas o fuera de comidas?». La respuesta es sencilla: las dos. El agua es un vehículo preciado de la vida. Bebe también zumos de fruta fresca, tisanas y té con moderación por su acción antioxidante.

¡Respeta a tu vientre e intestinos! Son tu «segundo cerebro». No los agredas nunca con laxantes drásticos o con lavativas intempestivas dignas de otra época. Los intestinos no son una tubería que hay que desatascar. No caigas en la obsesión. Los intestinos son órganos vivos y no son tuberías.

¡Estate contento! Cultiva emociones positivas y dedica un poco de tiempo a la práctica de yoga, meditación, relajación y todo lo que pueda apartar de tu mente emociones negativas para que esto repercuta de forma positiva en ti, para que estés lleno de alegría y amor para compartir.

¡Aliméntate con lo que te proporciona la naturaleza! Las especies con virtudes antioxidantes, hierbas frescas perfumadas y digestivas deben tomarse de forma regular para asimilar los micronutrientes esenciales.

¡Siente y palpa el vientre! Vete en su reencuentro, palpando con masajes terapéuticos el abdomen que conciencia de los nudos y bloqueos que antes pasaban inadvertidos. El vientre es tu amigo y la amistad se cultiva y se mantiene.

Título de la edición original
Plus mal au ventre

Es propiedad
© Éditions Alpen, Mónaco

Derechos vendidos a través de la Agente Ximena Renjifo

© fotografías
Dynamic Graphic, Image 100, Stockbyte, Digital Vision, Image Source, Banana Stock.

© de la edición en castellano, 2011:
Editorial Hispano Europea, S. A.
Primer de Maig, 21 – Pol. Ind. Gran Via Sud
08908 L'Hospitalet – Barcelona, España.
E-mail: hispanoeuropea@hispanoeuropea.com

© de la traducción
Esther Gil San Millán

Depósito Legal: B. 922-2011

ISBN: 978-84-255-1958-1

Los autores

Dr. Daniel Scimeca

Presidente honorífico del sindicato de medicina homeopática, el Dr. Daniel Scimeca es homeópata, fitoterapeuta y sofrólogo. Director de estudios de la Sociedad Médica de Bioterapia, es asimismo autor de numerosas publicaciones entre las cuales destaca una obra sobre la fatiga que presentamos en esta misma colección.

Dr. Max Tétau

El Dr. Max Tétau practica desde hace muchos años homeopatía y fitoterapia en París. Es redactor jefe de los Cahiers de Biothérapie y autor de numerosas obras dedicadas al uso de plantas medicinales. Preside la Sociedad Médica de Bioterapia, las Federaciones Nacional e Internacional de Homeopatía y la Federación Internacional de Fitoterapia. Gracias a sus trabajos científicos dedicados a estas disciplinas se ha ganado una magna autoridad en el mundo de las medicinas complementarias.

Advertencia

La información contenida en esta obra no puede sustituirse por un consejo autorizado. Antes de cualquier automedicación, se debe consultar a un médico o farmacéutico cualificado.

Consulte nuestra web:
www.hispanoeuropea.com

IMPRESO EN ESPAÑA

PRINTED IN SPAIN

LIMPERGRAF, S. L. – Mogoda, 29-31 (Pol. Ind. Can Salvatella) – 08210 Barberà del Vallès